Historische Bibliothek

Herausgegeben von der

Redaktion der Historischen Zeitschrift

---

50. Band:

Das wirtschaftliche System der niederländischen ostindischen Kompanie am Kap der guten Hoffnung 1785-1795

Von

A. L. GEYER

München und Berlin 1923
Druck und Verlag von R. Oldenbourg

Das wirtschaftliche System der niederländischen ostindischen Kompanie am Kap der guten Hoffnung 1785–1795

Von

Dr. A. L. Geyer

München und Berlin 1923
Druck und Verlag von R. Oldenbourg

Vorwort.

In den Werken über die Niederländisch-Ostindische Kompanie findet die Kapkolonie immer nur ein recht bescheidenes Plätzchen; die Autoren beschäftigen sich fast immer nur mit der Verwaltung in den Niederlanden, oder aber sie beschränken sich darauf, die geschichtliche Entwicklung des holländischen Kolonialreiches im Osten zu beschreiben, wobei das Kap nur beiläufig oder überhaupt nicht erwähnt wird. Das läßt sich in einfacher Weise erklären, wenn man bedenkt, daß das Kap in der Geschichte der Kompanie eine durchaus untergeordnete Rolle spielte; de Mist (Memoire, S. 11) vergleicht sogar, wobei er allerdings übertreibt, die Auffassung der Kompanie über diese Niederlassung mit dem Gefühl, das die Teilhaber in einem Postunternehmen den Gastwirten gegenüber empfinden, bei denen ihre Kutscher und Pferde unterwegs rasten, um sich zur Weiterreise zu stärken. Außerdem unterschied sich die Kapkolonie in ihrer ganzen Art so vollständig von den übrigen Niederlassungen der Kompanie, daß es nur schlecht hineinpaßte in ein allgemeines Geschichtswerk über die Politik der Kompanie.

Aber gerade diese Gründe sprechen dafür, daß es sehr wichtig wäre, auch das Wirtschaftssystem der Kompanie am Kap zu untersuchen, um eine vollkommene Einsicht in das Wollen und Können dieser Handelsgesellschaft zu gewinnen, denn das Kap war ihre einzige Station, die man im modernen Sinne des Wortes eine Kolonie nennen kann, und wo deshalb die Entwicklungsbedingungen ganz andere waren als in Ostindien. Innerhalb der zehn Jahre, auf die unsere Forschung sich beschränkt, vermögen wir dieses System in seiner besonderen historischen Erscheinung deutlich vor Augen zu führen.

Für das Verständnis der späteren Geschichte Südafrikas ist eine solche Untersuchung unentbehrlich, aber auch für die allgemeine Geschichte bietet unser Gegenstand ein besonderes Interesse. Wir können in der Kapkolonie ähnliche Zustände beobachten, wie sie gegen Ende des 18. Jahrhunderts unter dem Ancien Régime in Europa erwachsen waren. Hier wie dort sind die

Formen des politischen und wirtschaftlichen Lebens, ursprünglich für andere Zeiten und Verhältnisse geschaffen und für sie auch geeignet, der neuen Wirklichkeit nicht mehr gewachsen. Die Mißstimmung über das alte System, das seine Aufgaben nicht mehr erfüllen konnte, da es zumeist auch durch Korruption verdorben war, wächst. Wie diese Unzufriedenheit in den anderen Ländern zur politischen Umwälzung geführt hat, sei es wie in Europa zur Revolution (Frankreich) oder zur liberalen Reform (Preußen), sei es wie in Nordamerika zum Kampf der Kolonisten gegen das Mutterland, so führte es auch im Kapland zum politischen Umschwung: in den Außenbezirken der Kolonie kam es 1795 zum offenen Aufruhr gegen die bestehenden Gewalten, die Herrschaft der Kompanie wurde dort gebrochen. Auch die Reformversuche des Absolutismus in Europa, ich erinnere an die Reformen der Verwaltung in Preußen vor 1806, finden innerhalb dieser zehn Jahre in der Kolonie ihre historischen Parallelen.

So hoffe ich, daß diese Untersuchung nicht nur der Erforschung der südafrikanischen Geschichte dienlich ist, sondern auch zugleich zur näheren Kenntnis der allgemeinen Geschichte jener Zeit vor der Revolution beiträgt.

Bibliographie.

Literatur.

Theal, G. M., History and Ethnography of South Africa before 1795. 3 Vol. London 1909—1910.

Cory, G., The Rise of South Africa. 3 Vol. London 1910—1919.

Lauts, G., Geschiedenis van de Kaap de Goede Hoop, Nederlandsche Volk planting, 1652—1806. Amsterdam 1854.

Wieringa, P. A. C., De Oudste Boeren-Republieken. Den Haag 1921.

Eybers, G. (Hrsg.), Bepalingen en Instructien voor het Bestuur van de Buitendistricten van de Kaap de Goede Hoop (1805) . . . met eene Inleiding door Prof. S. J. Fockema Andreae, Dr. S. van Brakel en den Uitgever. Amsterdam 1922.

Colenbrander, H. T., De Kaap Honderd Jaar geleden (in Historie en Leven IV). Amsterdam 1920.

Saalfeld, F., Geschichtlicher Überblick des holländischen Kolonialwesens in Ostindien. 2 Bde. Göttingen 1812/13.

Klerk de Reus, G. C., Geschichtlicher Überblick der administrativen rechtlichen und finanziellen Entwicklungen der Niederländisch-Ostindischen Compagnie. Den Haag 1890.

Blok, P. J., Geschiedenis van het Nederlandsche Volk. 8 Bde. Groningen 1892—1908.

Pringsheim, O., Wirtschaftliche Entwicklungsgeschichte der vereinigten Niederlanden im 17. und 18. Jahrhundert. Leipzig 1890.

Laspeyres, E., Geschichte der volkswirtschaftlichen Anschauungen der Niederländer zur Zeit der Republik. Leipzig 1863.

Van Berckel, G. J. A., Bydrage tot de Geschiedenis van het Europeesche Opperbestuur over Nederlandsch-Indie 1780—1806. Leiden 1880.

Watermeyer, E. B., Three Lectures on the Cape of Good Hope under the Government of the Dutch East India Company. Kapstadt 1857.

Zeitgenössische Literatur und veröffentliche Quellen.

Bernard, F., Nederlandsch Afrika: of historisch en staatkundig Tafereel van den oorsprongelyken staat der Volkplantinge aan de Kaap de Goede Hoop (uit het Fransch). Leiden 1783.

Huysers, A., Beknopte Beschryving der Oostindische Etablissementen. Utrecht 1789.

Hogendorp, G. K., Verhandelingen over den Oost-Indischen Handel, Tweede Stuk, Over de Kaap de Goede Hoop. Amsterdam 1802.

Luzac, E., Hollands Rykdom. 4 Bde. Leiden 1779—1783.
Mentzel, O. F., Beschreibung des Vorgebirges der Guten Hoffnung. 2 Bde. Glogau 1785.
de Jong, C., Reizen naar de Kaap de Goede Hoop, Ierland en Noorwegen, in de Jaren 1791 tot 1797. 3 Bde. Haarlem 1802.
Thunberg, K. P., Reise durch einen Teil von Europa, Afrika und Asien, hauptsächlich in Japan, in den Jahren 1770 bis 1779. (Aus dem Schwedischen.) 2 Bde. Berlin 1792.
Sparrmann, A., Reise nach dem Vorgebirge der Guten Hoffnung, den südlichen Polarländern und um die Welt, hauptsächlich aber in den Ländern der Hottentotten und Kaffern, in den Jahren Jahren 1772 bis 1776. (Aus dem Schwedischen.) Berlin 1784.
Lichtenstein, H., Reisen im südlichen Afrika in den Jahren 1803, 1804, 1805 und 1806. 2 Bde. Berlin 1811/12.
Stavorinus, J. S., Reize van Zeeland over de Kaap de Goede Hoop naar Batavia, Bantam, Bengalen, enz., ondernoomen in de Jaaren 1768—1771. 2 Bde. Leiden 1793.
Stavorinus, J. S., Reize van Zeeland over de Kap de Goede Hoop en Batavia naar Samarang, Macasser, Amboina, Suratte enz., gedaan in de Jaaren 1774—1778. 2 Bde. Leiden 1797—1798.
Nederburgh, S. C., Echte Stukken betreffende het volbragt ondersoek der verrichtingen van de Generale Commissie in den jare 1791 benoemd geweest over de O. I. Bezittingen van den Staat en de Kaap de Goede Hoop, benevens den finalen uitslag van hetzelve. Den Haag 1803.
Leibbrandt, H. C., en Heeres, J. E. (Hrsg.), Memorien van den Gouverneur van de Graaff over de Gebeurtenissen aan de Kaap de Goede Hoop, 1780—1806. Den Haag 1894.
de Mist, J. A., Memorie, houdende de consideratien en advys van het Departement tot de Indische Zaaken, omtrend den voet en wyze, waarop de Regeering van de Caab de Goede Hoop, eventueel zal behooren te worden ingericht, — —
Vom van Riebeeck Society unter dem Titel »Memorandum on the Cape« herausgegeben. Kapstadt 1918.
Theal, G. M. (Hrsg.), Belangryke Historische Dokumenten. Deel III London 1911.
—, Records of the Cape Colony. 8 Vol. London 1897—1902.
Staat der Generale Nederlandsche Oostindische Compagnie, behelzende Rapporten van de Heeren Haar Ed. Groot Mog. Gecommitteerden, G. J. Doys, Baron van der Does, Heer van Noordwyk, Mr. P. H. van de Wall, Mr. J. Rendorp, Heer van Marquette, en Mr. H. van Straalen, als mede Nader Rapport van de gemelde Heeren Gecommitteerden en Bylagen in dato 14 July 1791. 2 Bde. Amsterdam 1792. (Als »Staat« zitiert.)
The Rapports of Chavonnes and his Council and of van Imhoff, with incidental correspondence. Kapstadt 1919.
Kaapsche Stukken. — Amsterdam 1785. Vier Bände offizieller Papiere über das Kap in den Jahren 1778—1785.

Ungedruckte Quellen.

Im Reichsarchiv Den Haag:

1. Abteilung: »Koloniaal Archief.«

Brieven en Papieren van de Kaap overgekomen, 1785—1794. — Darin besonders die Sitzungsberichte des Politischen Rates (als P. R. Res. zitiert) und die Briefe der Kapregierung an die Kammer der Siebzehn (»die Siebzehn)«. (Nr. 4289—4338.)

Brieven van de Vergadering van 17en, 1781—1795. (Nr. 476—482.)

Secrete Resolutien en Brieven van de Vergadering van 17en en Kamer Amsterdam, 1790—1794. (Nr. 444.)

Verslag, met Bylagen, van de Kommissarissen-Generaal, Nederburgh en Frykenius. (Nr. 4339—4344.) (Verslag als »KKGG.« zitiert.)

Missives van den Heer Gouverneur van de Graaf van Cabo de Goede Hoop, 1787, 1788 en 1790. (Koloniale Aanwinsten 169.)

Nederburgh, S. C., Memorie over den tegenwoordigen Staat van de O. I. Comp. vergeleken met hare omstandgheden voor den jongsten oorlog met Engeland, 6. Febr. 1788. (Kol. Aanw. 145.)

van Braam Houckgeest, A. E.(?), Gedagten en Consideratien omtrend eenige opgegevene Vraagpoincten betrekkelyk de Cabo de Goede Hoop en deszelfs Ingezeetenen, 21. Maart 1789. (Kol. Aanw. 169.)

Vaillant, J. O., Verhuell, C. A., en Gravestein, J. J. (Die Militärkommission), Rapport over de Kaap de Goede Hoop, 25. Sept. 1789. (Kol. Aanw. 208.)

Boers, F. W., Missive inhoudende reflexien omtrend de tegenswoordige financieele gesteldheid der Maatschappy. 29. Maart 1791. (Kol. Aanw. 145.)

—, Memorie van Aantekeningen op Consideratien over de Oorzaaken der veragtering van de Oost Indische Compagnie en de Middelen ter verbetering van dezelve. (Kol. Aanw. 145.)

Falck, O. W., Craayvanger, E., en Scholten, J. P., Memorie van Onderzoek na de Oorzaaken der Veragtering van den Staat der Nederlandsche Oost Indische Comp. bysonder in de laatste jaaren beneevens opgaave van de middelen om den val van de Comp. te verhoeden. 4. Mei 1795. (Nr. 8380.)

2. Abteilung: »Oost Indisch Comité.«

Brieven en Papieren van de Kaap overgekomen, 1794—1795. (Siehe oben!) (Nr. 134—135.)

Brieven en Bylagen van den Commissaris te Cabo de Goede Hoop. A. J. Sluysken. (Nr. 148—152.)

3. Abteilung: »Archief van de Spiegel.«

Falk, O. W., Craayvanger, E., en Scholten, J. P., Memorie van consideratien over het hoog beloop der Lasten van het Gouvernement van de Kaap de Goede Hoop, en aanwyzing van middelen tot derzelver vermindering. 3. Mei 1790. (Aanwinsten 1895.)

van Braam Houckgeest, A. E., Bedenking omtrend de Caab de Goede Hoop. 25. Mei 1789. (Aanw. 1895.)
van Braam Houckgeest, A. E., Nader Supplement tot de Bedenking omtrend de Kaap de Goede Hoop. Junie 1789. (Aanw. 1895.)

4. Abteilung: »Hollandsch-Zeeuwsche Staatscommissie.«

van Braam Houckgeest, J. P., Bedenking omtrent Indie en de Caap. 11. Dec. 1790. (Nr. 11.)
Titsingh, G., Consideratien van eene Hoofdparticipant in de Oost Ind. Comp. over de oorzaken der veragtering en de middelen ter verbetering van dezelve. 4. Junie 1790. (Nr. 5.)

In der Staatsbibliothek zu Berlin:

Ms. Germ. Folio 883—897: Verschiedene Papiere durch J. A. de Mist zusammengebracht, die wichtigsten jedoch herausgegeben von Theal in »Belangryke Historische Dokumenten, Deel III«.

I. Kapitel.

Einleitung.

»Zur geschichtlichen Entwicklung ist ein Vorwärtsschreiten mit den Bedürfnissen der Zeit und eine Umgestaltung nach der Art und den Forderungen der Zustände und Umstände erforderlich. Aber es ist gerade ein Kennzeichen der Kompagnie, daß solches niemals bei ihr der Fall gewesen ist. Als Kaufmann aufgetreten, bleibt sie, auch nachdem sie sich zu einem mächtigen Souverän entwickelt hatte, fortwährend und ausschließlich derselbe Kaufmann vom alten Schlage, und zeigt sich, je ernster die Ereignisse auf Veränderungen dringen, mit zunehmender Verstocktheit den alten ersten Prinzipien zugetan, die Augen schließend vor allen Zeichen der Zeiten«[1]). In ganz besonderem Maße gelten diese Worte von der wirtschaftspolitischen Einstellung der Kompanie am Kap der Guten Hoffnung. Wollen wir nun eine klare Vorstellung der Zustände in der Kolonie während dieser Periode, der unsere Forschung gilt, gewinnen, so müssen wir uns den oben geschilderten Charakterzug der Kompanie stets vergegenwärtigen. Daneben dürfen wir auch keineswegs die Tatsache aus dem Auge verlieren, daß die Kapkolonie bei ihrer Gründung 1652 nur als Erfrischungsstation gedacht war für die Schiffe auf ihrer langen Reise zwischen den Niederlanden und den Indischen Besitzungen, ohne daß man damals auch nur entfernt mit dem Entstehen einer Kolonie gerechnet hätte. Trat doch im Jahre 1657 der Kommissar Ryklof van Goens allen Ernstes dafür ein, die Kaphalbinsel durch einen Kanal vom übrigen Festland abzuschneiden, da seiner Meinung nach die Halbinsel allein allen Ansprüchen gerecht werde, die man an eine Erfrischungsstation stellen dürfe, und weil diese dann leichter gegen die Eingeborenen zu verteidigen wäre. Sehr charakteristisch ist es auch, wenn zwei andere Kommissare, kurz bevor die Kompanie ihre Oberhoheit am Kap aus den Händen gab, die Ansicht vertraten, daß

[1]) Klerk de Reus, Geschichtlicher Überblick der .... Entwicklung der Niederländisch-Ostindischen Kompagnie. S. VII.

»indien deeze natuurlyke gevolgen van het aanleggen eener colonie alhier in tyds waren overdacht geweest, zoude men het zeekerlyk veel verkieslyker hebben geoordeeld, zig alleen van de possessie van dezen uithoek te verzeekeren, en het land aan deszelfs natuurlyke inwoonders, de Hottentotten, ter bewooning en bebouwing over te laten«[1]).

Aber man hatte sich nicht frühzeitig genug die Folgen klar gemacht; gerade in jenem Jahre 1657 fing die Kompanie damit an, Land an »vrye burgers« zu verteilen und hieraus ergab sich naturgemäß das Entstehen einer Kolonie. Da es der kleinen Zahl der freien Bürger noch jahrelang recht schwer fiel, genügende Mengen von Weizen, Wein und Fleisch für die Bedürfnisse der Erfrischungsstation zu liefern, begünstigte die Kompanie sogar diese anfänglich unerwünschte Entwicklung. Sie siedelte nämlich weitere freie Bürger an und sandte ferner gegen Ende des 17. Jahrhunderts eine Anzahl von Hugenotten und Niederländern als Kolonisten dorthin. In der ersten Hälfte des 18. Jahrhunderts hatte es sogar den Anschein, als ob die Siebzehn mit vollem Zielbewußtsein eine neue Politik verfolgen wollten; es war die Rede von einer gewissen Handelsfreiheit; 1716 erkundigte sich die Kompanie, ob es sich nicht lohnen würde, weitere Kolonisten nach dem Kap auszusenden[2]); im selben Jahre forderte die Kompanie auch wiederholt dazu auf, neue Produktionsgüter als Handelsware zu beschaffen außer den bisher erlaubten, die ausschließlich zur Verproviantierung der Schiffe gedient hatten. Aber diese Anzeichen einer neuen Politik schwanden ohne nennenswerte Spuren zurückzulassen; aus dem Anbau von Handelsgütern wurde nichts. Zum Teil lag dies gewiß an den Kolonisten selbst, wie denn auch später Nederburgh und Frykenius[3]) als Grund dafür erstens die Unwissenheit der Kolonisten anführten, deren Landwirtschaft durch Geschlechter hindurch auf das Produzieren von Fleisch, Getreide und Wein beschränkt war, und zweitens die Furcht, daß der Gewinn für die neuen Produkte nicht ihnen, sondern der Kompanie zufallen würde. Denn die Erfrischungsstation entwickelte sich wohl zur Kolonie, aber die Kompanie behandelte sie weiter als bloße Schiffsstation, in welcher nur die auf Handelsmonopol zugeschnittenen Grundsätze und Interessen der Handelsgesellschaft Geltung hatten. Nach einiger Zeit mußte notgedrungen der Zeitpunkt eintreten, in dem die Interessen

---

1) KKGG, 12—13.

2) The Rapports of Chavonnes and his Council, and of van Imhoff. 5.

3) KKGG, 20.

der Kompanie und die der Kolonisten aufeinander prallten und der Widerspruch zwischen der angeblichen Erfrischungsstation und der wirklichen Landwirtschaftskolonie sich unangenehm bemerkbar machte. Dieser Augenblick kam, als die Produktion des Landes anfing, den Bedarf der Schiffe zu übertreffen. Der Zustand wurde um so unhaltbarer als die Kompanie einerseits an Bedeutung verlor und anderseits die Zahl der Bauern am Kap ständig zunahm.

Die Kompanie tat ihrerseits gar keine Schritte, um der Neuentwicklung am Kap entgegen zu kommen; die beträchtlichen Veränderungen, die im Laufe der Zeit im dortigen ökonomischen Leben in Erscheinung traten, entstanden trotz der Gesetzgebung der Siebzehn, ja direkt im Gegensatz dazu; wir werden im Laufe unserer Untersuchung sehen, wie weit in vieler Hinsicht Praxis und Gesetz sich hier widersprachen.

Daß das System der Kompanie am Kap nicht schon lange vor 1790 Schiffbruch erlitt, liegt an diesem Zwiespalt zwischen Theorie und Praxis; daneben sind noch drei andere Gründe zu nennen, die außer dem Machtbereich der Kompanie lagen, nämlich die beiden verheerenden Pockenepidemien, der Auszug der Kolonisten landeinwärts und schließlich der lange Kampf zwischen Frankreich und England um die maritime und koloniale Hegemonie. 1713 und 1755 zeigten sich die Pocken in Südafrika, beide Male mit der schrecklichsten Wirkung; so viele Kolonisten wurden hingerafft, daß die Kapregierung 1792 konstatieren konnte: die ökonomische Spannung habe nachgelassen, weil durch die Pest dem Raummangel abgeholfen wäre[1]). Besonders während der Epidemie von 1713 starben tatsächlich ganze Hottentottenstämme aus, wodurch es den Kolonisten gewiß erleichtert wurde, sich als Viehbauern immer weiter von Kapstadt zu entfernen.

Nachdem die Regierung einmal angefangen hatte, den Kolonisten Viehweidefarmen zu bewilligen, war diese Fortbewegung nicht mehr einzudämmen, besonders da die intensive Bebauung der näheren Umgebung Kapstadts die Unterbringung der wachsenden Bevölkerung sehr erschwerte. Wegen des Wassermangels ließen sich die Viehbauern weit voneinander entfernt auf großen Farmen nieder, schließlich so weit vom Kap, daß sie nur selten dorthin kamen und in nahezu allem auf sich selbst angewiesen waren. Ihre Bedürfnisse waren geringfügig, beschützt wurden sie von der Regierung doch nicht, und so entwickelte sich im Binnenlande ein Geist der Selbständigkeit, dem das Kapland

[1]) Kap-Reg. an die Gen.-Komm., 12. Okt. 1792.

mit seinen ungesund bureaukratischen Verhältnissen und seiner unehrlichen Bevölkerung höchst widerwärtig erschien.

Unmittelbare Vorteile für die Kolonisten brachte der lange Kampf zur See zwischen England und Frankreich mit sich. Auch in friedlichen Zeiten waren die Kolonisten durchaus auf fremde Schiffe angewiesen, um ihre Überproduktion absetzen zu können, aber während des Krieges erwies sich die Versorgung der Kriegsflotten dieser Länder und ihrer Anlegehäfen, St. Helena und Mauritius, als wahre Goldgrube für die Kolonisten. Dies gilt in ganz besonderem Maße von jenem Seekrieg, der aus dem Amerikanischen Freiheitskrieg hervorging und der im Niederländisch jener Tage der »Engelse Oorlog« genannt wurde. Die Zustände zu Ende des obigen Krieges gehören schon zu der Periode, welcher unsere Forschung gilt.

In den Niederlanden sehen wir nach diesem Kriege die einst so mächtige Vereinigte Ostindische Kompanie einen aussichtslosen Kampf gegen den Bankrott kämpfen. Schon seit vielen Jahren war ihre finanzielle Lage ungesund, aber nur die Direktoren wußten davon; durch sorgfältige Geheimhaltung und durch geregelte Auszahlung der Dividende, trotzdem kein wirklicher Gewinn vorlag, gelang es ihr, den Schein der Wohlfahrt zu wahren. Im Jahre 1760 belief sich ihre Schuld schon auf fl. 20623007[1]); aber in den siebziger Jahren verbesserte sich ihre Lage merklich, teils infolge der größeren innerpolitischen Ruhe, teils weil die Niederlande sich in den ersten Jahren des Amerikanischen Freiheitskrieges neutral verhielten. So war die Schuld 1778 auf fl. 7533703 gesunken[2]), und die Direktoren waren unermüdlich darin, diese kurzatmige Blütezeit als Beweis anzuführen, als sie in den Jahren nach 1783 nachzuweisen suchten, daß nur der Englische Krieg die Kompanie in ihre, zu der Zeit äußerst kritische, Lage gebracht habe.

Ohne Zweifel waren die Folgen des Krieges für die Kompanie verhängnisvoll; ihr Handel war gänzlich stille gelegt, viele ihrer Schiffe und verschiedene ihrer Handelsstationen waren in Feindeshand. Nun verlor man auch allgemein das Vertrauen zur Kompanie; gleich nach Ausbruch des Krieges verlangten die Gläubiger, die ihr kurzfristiges Geld geliehen hatten, sofortige Rückzahlung. Hierauf ersuchten die Direktoren im Januar 1781 die Staaten von Holland, die Kompanie aller Zahlungsverpflichtungen auf

---

[1]) S. C. Nederburgh, Memorie over den tegenwoordigen Staat vav de O. I. Compagnie vergeleken met hare omstandigheden voor den jongsten oorlog met Engeland. 6. Febr. 1788.

[2]) Ebenda.

ein Jahr zu entbinden[1]). Damit verlor sie natürlich jeden Kredit; aber ohne Kredit konnte eine Gesellschaft, die in Wahrheit schon bankrott war, nicht bestehen und so hielt sie sich von nun an nur mit Hilfe von Vorschüssen aus der holländischen Staatskasse. Dafür verlangte die Regierung dieser Provinz Mitbestimmungsrecht in den Angelegenheiten der Kompanie. Um diesem Verlangen zu genügen, war nicht nur eine Reihe von Neueinrichtungen im Hauptvorstand notwendig, sondern diese zogen noch den Unwillen des anderen Hauptteilhabers, der Provinz Zeeland, nach sich und führten zu heftigen und langwierigen Streitigkeiten zwischen den beiden Provinzen[2]).

Trotz der Hilfe Hollands ging es nun schnell bergab; 1783 war die Schuld der Kompanie auf fl. 26503415 gestiegen, und nach dem Kriege stieg sie weiter in großen Sprüngen: 1785: fl. 49548360, 1787: fl. 59593950, 1790: fl. 80937737 und 1793: fl. 107174148[3]). Hieraus mußte sich ohne weiteres ergeben, daß der Ruin unvermeidlich wäre. Die Ausgaben vermehrten sich ständig, während die Einnahmen zurückgingen. So ergab das Jahr 1786 nachstehende Zahlen: Ausgaben fl. 23279369, Einnahmen fl. 17719027; das Jahr 1791: Ausgaben fl. 25262165, Einnahmen fl. 14489571[4]).

Während die Direktoren in all diesen Jahren behaupteten, daß nur der Krieg schuld an allem wäre, war in Wirklichkeit das ganze System der Kompanie, sowohl auf den Handelsstationen wie in der Heimat, zusammengebrochen. Im Osten waren die Zustände so schlimm, daß es unmöglich schien, je wieder Ordnung in das Wirrsal zu bringen[5]). In den Niederlanden hatten die Machthaber mit unglaublicher Blindheit gegenüber dem Ernst der Lage festgehalten an ihren fetten Posten und gewinnbringenden Vorrechten. Die Staaten von Holland, die mittelbar und unmittelbar sehr stark am ferneren Schicksal der Kompanie interessiert waren, taten ihr möglichstes, um den Schäden abzuhelfen. Sie ernannten eine sachverständige und tatkräftige Kommission, um die Sachlage zu prüfen; diese machte einen Vorschlag nach

---

[1]) G. van Berckel, Bydrage tot de Geschiedenis van het Europeesche Opperbestuur over Nederlandsch-Indie, 1780—1806. 3—4.

[2]) Ebenda, 4 ff.

[3]) Falck, Craayvanger en Scholten, Memorie van Onderzoek na de Oorzaken van den Staat der Nederlandsch Oost Indische Compagnie bysonder in de laatste jaren, beneevens opgave van de middelen om den val van de Compagnie te verhoeden 1795.

[4]) Ebenda, Beilagen 1 u. 2.

[5]) Vgl. Staat der Generale Nederlandsche Oostindische Compagnie I., 75.

dem anderen, aber stets stieß sie auf den eigensinnigen Widerstand der Direktoren, die entweder ihre Ratschläge kurzweg ablehnten oder sie dermaßen zurechtflickten, daß sie vollkommen wertlos wurden.

Wohl begriffen die Direktoren, daß gespart werden müsse, aber an ihr eigenes Einkommen durfte keiner rühren, ja, sie wollten nicht einmal dem Vorschlage zustimmen, daß in Zukunft Zucker und Gewürze nicht mehr an die Direktoren verteilt werden sollten[1]). Aber nicht nur innerhalb der Kompanie herrschte eine solche Gärung; der innerpolitische Streit, der während der ganzen Hälfte des 18. Jahrhunderts die Niederlande zerrüttete, wurde immer schärfer und erfuhr nur eine ganz kurze Unterbrechung, als Friedrich Wilhelm II. 1787 mit preußischem Militär das Ansehen des Statthalters wieder herstellte. Die heillose Verwirrung, die durch diese Zwiste hervorgerufen wurde, konnte nur die allerschädlichste Einwirkung auf das Schicksal der Kompanie haben.

In diesem Wirrsal, wo die Uneinigkeit im Inneren herrschte, die Angriffe von außen immer häufiger wurden, die Schulden rasend schnell stiegen, die Einnahmen unausgesetzt abnahmen, die Direktoren nur auf eigenen Vorteil bedacht waren, konnte es dem unbeholfenen Beamtenapparat unmöglich gelingen, ein so ausgedehntes Arbeitsfeld ordentlich zu verwalten.

Ihre Oberhoheit über die Verwaltungsbehörden der Handelsstationen war sehr lockerer Art. Für das ganze große Verwaltungsgebiet war nur allein die Kammer der Siebzehn zuständig. Hätte diese sich nur mit wichtigen prinzipiellen Fragen befaßt, so wäre sie schon überbürdet gewesen; um so auffallender ist es, daß die Kammer oft Fragen von grundsätzlicher Bedeutung unberücksichtigt läßt und sich dagegen mit nichtssagenden Kleinigkeiten eingehend beschäftigt. Hier sei nur ein Fall von vielen als Beispiel angeführt.

In einem Brief vom 31. Dezember 1788 an die Kapregierung wird ein Regierungsbeschluß über die Anwerbung von Sklaven besprochen. Es handelt sich darum, daß man mehr Sklaven benötigt, um die Kornwagen der Bürger schneller auszuladen und den Sklaven der Bürger das Verstauen des Getreides im höchsten Stockwerk des Magazins abzunehmen. Dieser Beschluß wird gut geheißen, weil die Bauern bei dem vorherrschenden Getreidemangel angeregt werden sollten zu größtmöglichen Lieferungen. Gleichzeitig wird betont, daß dies nur eine zeitweilige Maßregel sei, da die Verwaltungskosten sonst zu groß würden. Nun hatten

---

[1]) Ebenda, 65 ff. Solche Klagen über das Verhalten der Direktoren wiederholen sich im Bericht fortwährend; vgl. v. Berckel 67 ff.

sie aber während all der letzten Jahre Berichte empfangen über die Existenz einer großen Zahl von Regierungssklaven, deren Unterhaltung allein im Jahre 1787 fl. 68365 kostete[1]), ohne daß sie auch nur die leiseste Ahnung hatten, zu welchem Zweck die Sklaven verwendet wurden[2]). Trotzdem fiel es ihnen nicht ein, sich danach zu erkundigen, als sie erfuhren, daß die Regierung weitere Sklaven anwerben wolle.

Gerade in den letzten und kritischen Jahren ihres Bestehens stellte die Kompanie am Kap einen Gouverneur an, der sechs Jahre lang in völliger Nichtachtung der ihm von seinen Vorgesetzten zugehenden Befehle regierte und dadurch die Siebzehn zu machtloser Wut reizte. Oberstleutnant Cornelis Jacob van de Graaff, Kontrolleurgeneral der holländischen Festungen und ein Günstling des Statthalters, wurde zum Gouverneur gewählt wegen seiner Sachkenntnis im Festungswesen, damit er die Festungswerke am Kap gegen eine eventuelle Belagerung instand setzen lasse[3]). Am 14. Februar 1785 übernahm er die Regierung in Kapstadt[4]) und begann eine derartige Laufbahn, daß die Siebzehn ihre Wahl bald bitter zu bereuen hatten. Wie er das Land verwaltete und regierte, soll uns später beschäftigen. Hier seien nur einige Punkte hervorgehoben, um seine Regierung zu charakterisieren. Mit den übrigen Mitgliedern des Rates entzweite er sich bald, die Streitigkeiten wurden in unerhört scharfer Weise erörtert, und da sie Allgemeingut von Kapstadt wurden, so trugen sie nicht wenig dazu bei, das Ansehen der Regierung hier zu untergraben[5]). Die Siebzehn jedoch erfuhren von diesen Zänkereien nichts oder erhielten doch nur gefärbte und oft nicht von den Regierungsmitgliedern ordnungsmäßig unterzeichnete Sitzungsberichte[6]). Ja, er entblödete sich nicht, die Siebzehn direkt zu hintergehen und ihnen gefälschte Berichte zuzusenden, um seine Pflichtvergessenheit zu rechtfertigen[7]).

---

1) P. R. Res. 4. April 1788.

2) Vgl. Falck, Craayvanger en Scholten, Memorie van Consideratien over het hoog beloop der Lasten van het Gouvernement van de Kaap de Goede Hoop, en aanwyzing van middelen tot derzelver vermindering. 1790.

3) Vgl. G. Lauts, Geschiedenis van de Kaap De Goede Hoop, Nederlandsche Volkplanting, 1652—1806. 88.

4) P. R. Res. 14. Februar 1785.

5) Vgl. Missive des Secundus und des Pol. Rates an die Siebzehn am 9. Mai 1791, für den maßlosen Haß gegen den Gouverneur.

6) Ebenda, Brief der Siebzehn an die Kapregierung am 4. Jan. 1791.

7) Siebzehn a. d. Kapreg., 4. Jan. und 22. Dez. 1791; Bericht der Prüfungskommission in Angelegenheit v. d. Graaff.

Aus den Dokumenten der Kapregierung ist ersichtlich, daß wichtige Depeschen der Siebzehn monatelang beim Gouverneur lagen, ehe sie dem Rat unterbreitet wurden, und daß es dann noch Monate dauerte, bevor sie beantwortet wurden. Hier nennen die Siebzehn selbst ein treffendes Beispiel: einer ihrer Briefe, datiert den 31. Dezember 1788, wurde in Kapstadt am 23. Mai 1789 empfangen, am 27. November dem Rat zum ersten Male vorgelegt und erst am 11. Februar 1790 beantwortet[1]).

Die sich regelmäßig wiederholenden Ermahnungen zur Besserung beachtete er einfach nicht, so daß es den Siebzehn endlich zu bunt wurde[2]) und sie ihn am 14. Oktober 1790 aufforderten, binnen drei Monaten nach den Niederlanden zurückzukehren, um sie in Angelegenheiten der Kapkolonie zu beraten. Diese Form der Abberufung, die ihm sowohl seinen Rang als auch sein Gehalt zusicherte, wurde gewählt um die Zustimmung des Statthalters zu erlangen[3]). Aber gleich nach seiner Ankunft wurde durch die Siebzehn eine Kommission ernannt, um ein Untersuchungsverfahren gegen ihn einzuleiten. Die Untersuchung ergab die schärfste Verurteilung seiner Tätigkeit; man erklärte, daß er seine Hoheitsrechte mißbraucht habe, und bezichtigte ihn einer weitgehenden Pflichtvergessenheit, die zu Verwirrung und »menigvuldige agteloosheden en excessen« in der Finanzverwaltunggeführt habe[4]).

Inzwischen waren schon Nederburgh und Frykenius als Generalkommissare mit unbeschränkten Vollmachten ausgesandt, um unter anderem auch die Zustände am Kap zu untersuchen[5]). Es war dies ein letzter verzweifelter Versuch, die Kompanie vor dem Untergang zu retten. Ihr Aufenthalt am Kap vom 23. Juni 1792 bis zum 24. September 1793[6]) war von der allergrößten Bedeutung; aber schon während der nächsten zwei Jahre kam es zum gänzlichen Zusammenbruch der kapländischen Verwaltung, und am Ende dieser Periode stürzte England endgültig die Herrschaft der Kompanie am Kap der Guten Hoffnung.

---

[1]) Missive a. d. Kapreg. 22. Dez. 1791.

[2]) Genauer genommen war es die holländische Untersuchungskommission, die auf seine Zurückberufung drang. (Vgl. Staat. 76 ff.)

[3]) Vgl. Lauts, Geschiedenis. 88.

[4]) Secrete Res. der Siebzehn 4. Juni 1793.

[5]) Vgl. S. C. Nederburgh, Echte Stukken betreffende het volbragt ondersoek der verrichtingen van de Generale Commissie in den jahre 1791 benoemd geweest over de O. I. Bezittingen van den Staat en de Kaap de Goede Hoop, benevens den finalen uitslag van hetzelve, 131 ff. über ihre Instructionen.

[6]) P. R. Res. 23. Juni 1792 und Mitt. der Kapregierung an die Siebzehn am 15. Oktober 1793.

II. Kapitel.

Das Kap als Lastposten im Finanzwesen der Kompanie.

Im Haushaltungsplan der Ostindischen Kompanie spielte das Kap eine untergeordnete Rolle; es stellte nur einen unvermeidlichen Posten unter den notwendigen Ausgaben dar, die der Handel im Osten mit sich brachte. Dieser Posten wurde jedoch in der zweiten Hälfte des 18. Jahrhunderts und ganz besonders in den letzten Jahren vor der Auflösung der Kompanie eine drückende Last. Nächst Batavia und Ceylon hatte das Kap schon vor dem englischen Krieg das größte Defizit, fast so groß wie das aller anderen Stationen zusammen[1]). Obgleich die Bedeutung dieser Erfrischungsstation nicht zu verkennen war, so waren doch ganz besonders kurz nach dem englischen Kriege, als die Kompanie eigentlich schon bankrott gemacht hatte, die Ausgaben der dortigen Regierung so enorm gestiegen, daß die Direktoren es sehr schmerzlich empfanden. Das Gefühl, daß eine einzige Niederlassung nicht so viel kosten dürfe, wurde in diesen Jahren zusehends stärker, was aus den Niederschriften der Kompanie zu dieser Zeit leicht ersichtlich ist, in denen das Kap als unerträgliche Last bezeichnet wird. Diese gewaltigen Ausgaben übten einen weitgehenden Einfluß aus auf die Lebensbedingungen der Kolonisten, in erster Linie während der Regierung van de Graaffs, aber auch dann noch, als die Siebzehn zu drastischen Gegenmaßregeln griffen, um diese Ausgaben zu beschneiden. Die finanzielle Zerrüttung am Kap kennzeichnet gleichzeitig das Versagen der Finanzverwaltung der Kompanie in den Kolonien in trefflicher Weise. Wir werden daher die Ausgaben der Niederlassung in den beiden nächsten Kapiteln näher beschreiben und analysieren. Für unsere Zwekke empfiehlt es sich, hier eine Vierteilung vorzunehmen und die vier, wenn auch nicht haarscharf zu trennenden, Unterabteilungen gesondert zu betrachten. Die Ausgaben lassen sich dann in nachstehende vier Hauptgruppen einreihen:

A. Ausgaben am Kap für Zwecke, die mit dieser Niederlassung gar nichts oder nur wenig zu schaffen hatten.
B. Ausgaben für das Verteidigungswesen.
C. Verwaltungskosten der Kapkolonie.
D. Verwaltungskosten der Kap-Erfrischungsstation.

---

[1]) Staat II, Beilage Litt. R sub Litt. I. Während der Periode 1771—1780 beträgt das durchschnittliche jährliche Defizit am Kap fl. 336 375, an den übrigen 18 Stationen zusammen fl 382 359.

A. Ausgaben im Interesse anderer Niederlassungen.

Im Buchführungssystem der Kompanie war es nicht möglich, genau die Ausgaben und Einnahmen jeder Station auseinander zu halten, obgleich für jede einzelne Station Bücher geführt wurden. So standen auf der Debetrechnung des Kap der Guten Hoffnung zwei schwerwiegende Posten, nämlich »Onkosten van Schepen« und »Scheepszoldyen«, obwohl es selbst fast gar keine Schiffe im eigenen Dienst brauchte. Zusammen machten diese Posten, von denen ersterer der bei weitem wichtigere war, in der Periode 1784—1794 jährlich 12 bis 20 vH der Gesamtausgaben am Kap aus[1]). Die Summen schwanken von fl. 248396 für Schiffskosten und fl. 11560 für Schiffssold im Jahre 1791 bis zu fl. 115832 für Schiffskosten 1791 und fl. 21579 für Schiffssold 1788[2]). Der Posten Schiffskosten rührte daher, daß die Kapregierung sämtliche dort anlaufende Schiffe der Kompanie mit allem, was sie benötigten, zu versehen hatte. Sie mußte frischen Proviant und Getränke liefern, dazu auch alle schadhaften Teile der Schiffsausrüstung ersetzen und alle Reparaturkosten tragen[3]). Hierfür kamen natürlich auch die wenigen am Kap stationierten Schiffe in Betracht; allein die Ausgaben für diese Schiffe bildeten nur einen ganz geringen Bruchteil der Gesamtschiffskosten[4]). Die Höhe der jährlich daraus erwachsenden Ausgaben war zum großen Teil abhängig von Faktoren, über welche die dortige Regierung keine Gewalt hatte: z. B. von der Zahl der einlaufenden Schiffe und der Verfassung der einzelnen Fahrzeuge. Andere Faktoren freilich hingen doch von der jeweiligen Regierung ab, was daraus erhellt, daß zur Zeit van de Graaffs, wo auf allen Gebieten höhere Ausgaben vorlagen, auch höhere Kosten für das einzelne Schiff berechnet wurden. Berücksichtigt werden muß allerdings, daß zu jener Zeit die Schiffe der Kompanie weniger leistungsfähig waren als früher und die deshalb notwendige längere Reisezeit auch größere Reparaturen nach sich zog[5]). Waren diese Reparaturarbeiten aber umfangreicher Art, so konnten sie schwer-

---

[1]) Vgl. die jährlichen Berichte der Kapregierung über die von ihr getragenen Kosten. Das Rechnungsjahr lief vom 1. September bis zum 31. August. Über das Geldwesen am Kap, siehe Exkurse I.

[2]) Kapreg. an die Siebzehn, 10. Aug. 1793 und 11. Aug. 1789, und der Bericht von Le Sueur und van Oudtshoorn, 30. Aug. 1795.

[3]) Bericht der Kapkommission zur Prüfung der Finanzen, 24. Juni 1791.

[4]) 1793 z. B. fl 15693 von fl 178609. (Vgl. Kapreg. a. d. Siebzehn, 23. Oktober 1794.)

[5]) KKGG. 593.

lich in Kapstadt ausgeführt werden, da die Kompanie hierfür am Kap nicht die Möglichkeit geschaffen hatte[1]). Der unnötig lange Aufenthalt der Schiffe in Tafelbai, über den die Herren Siebzehn ständig klagen mußten und der auch zu den Hauptanklagepunkten gegen van de Graaff gehörte, mußte also noch andere Gründe haben, welche v. d. Graaff den Direktoren wohlweislich verschwieg[2]). Wir werden später darauf zurückkommen, daß die Schiffsoffiziere am Kap guten Verdienst fanden, woraus wieder einzelne hohe Beamte Vorteil zogen, die dann natürlich gern der Pflichtvergessenheit der Schiffsoffiziere gegenüber ein Auge zudrückten. Der kleinere Posten, betreffend Schiffssold, ging das Kap eigentlich gar nichts an; er stellt die Summe dar, welche am Kap als Sold ausgezahlt wurde, an das kleine Häufchen der dort stationierten Matrosen und an die Besatzungen der einlaufenden Schiffe[3]).

In engem Zusammenhang mit der Proviantierung der anlegenden Schiffe sind die Kosten zu nennen, welche der Regierung aus der Instandhaltung des kapstädtischen Hospitals erwuchsen.

Da die Reise von den Niederlanden bis zum Kap lange dauerte und die Verpflegung an Bord schlecht war, so war das Hospital überaus wichtig. Auch wegen der schlechten Gesundheitsbedingungen an Bord hatte die Kompanie in ihren letzten Jahren Schwierigkeiten, genug Matrosen für ihre Schiffe zu werben; es mußten sogar manchmal Schiffe in Batavia zurückbleiben, weil es an Besatzung fehlte oder Chinesen mußten die Mannschaft ergänzen[4]). Schon deshalb — um gar nicht von Menschlichkeit zu reden — war es im allereigensten Interesse der Kompanie, eine möglichst gute Behandlung der Kranken am Kap anzustreben, um sie bald wieder für ihre Arbeit an Bord zurückzugewinnen. Aber gerade hier finden wir eine kaum glaubliche Vernachlässigung und sogar Mißhandlung der Kranken; allerdings scheint der Zustand erst im letzten Viertel des Jahrhunderts so außerordentlich bösartig geworden zu sein. Noch Mentzel[5]) schilderte die Lage als günstig und auch in der Periode von 1769 bis 1778 wies nur ein einziges Jahr ein Defizit auf, das auch nur fl. 744¾ betrug, während der Gesamtüberschuß die ansehnliche Summe von

---

[1]) Ebenda. 594.

[2]) Vgl. Secrete Resolutien van de XVII., 4. Juni 1793, Bericht der Prüfungskommission in Angelegenheit v. d. Graaff.

[3]) Kapkommission zur Prüfung der Finanzen. 24. Juni 1791.

[4]) Vgl. Siebzehn an die Kapregierung. 3. Dez. 1789.

[5]) Beschreibung des Vorgebirges der Guten Hoffnung I. 170. O. F. Mentzel war um die Mitte des 18. Jahrhunderts am Kap.

fl. 132500 ergab, dadurch, daß der als Zahlung zurückbehaltene Sold der Patienten die tatsächlichen Ausgaben weit übertraf[1]). Jedoch bald darauf hatte das Hospital jährlich ein Defizit zu verzeichnen, das im Jahre 1790 die Höhe von fl. 45084 erreichte und sich für die Jahre 1785 bis 1794 auf fl. 294233 belief[2]). Wohl war das Leben in dieser zweiten Periode beträchtlich teurer als in der ersten und die Zahl der Patienten größer, aber dies konnte nicht allein solch einen erheblichen Minderbetrag zur Folge haben[3]).

Das Hospital stand unter Aufsicht der sog. Regenten, dreier Mitglieder des Politischen Rates, deren spezielle Aufgabe es war, sowohl auf genaue Ausführung aller Befehle der Kompanie zu achten als auf treue Pflichterfüllung des Personals. Im Jahre 1785 wurde die Indische Regierung von den Siebzehn damit beauftragt, die Tätigkeit der Hospitalverwaltung am Kap untersuchen zu lassen; aber der Gouverneur enthielt nicht nur dem Politischen Rat, sondern auch den Siebzehn und der indischen Regierung die Berichte der Regenten vor, welche diese, deren Auftrag gemäß, verfaßt hatten. Erst nach seiner Abreise, 1791, konnte die Kapregierung unter Beifügung obiger Erklärung den Bericht nach den Niederlanden schicken[4]). In diesem Bericht hatte man die Überzeugung ausgesprochen, daß die Verwaltung des Hospitals vorzüglich wäre und alle Anordnungen der Siebzehn mit großer Pünktlichkeit ausgeführt würden. Dieses Referat datierte vom 4. März 1788; eine Kommission jedoch, die von den Siebzehn zur Inspektion der militärischen Ausrüstung in den Besitzungen ausgesandt war, schickte am 25. September 1789 einen ausführlichen Bericht ein, worin die Verfassung des Hospitals als unbeschreiblich schlecht geschildert wird; ganz besonders wiesen sie darauf hin, daß es an aller Aufsicht gebräche: der Hauptarzt wäre zugleich Vorsteher des Hospitals und handele ganz willkürlich, niemand bekümmere sich je um die Behandlung der Patienten; ja, müßten die Hospitalbeamten dem Zahlmeister nicht die Sterbefälle melden, so würde man in den meisten Fällen nie erfahren, was aus den Kranken geworden wäre. Der Ober-

---

[1]) KKGG.: 616 ff. Der Marinekapitän F. S. Stavorinus tadelte bereits in diesen Jahren die Behandlung der Kranken im Hospital (Reize van Zeeland over de Kap . . . naar Batavia . . . in 1768—1771: II. 129 ff.)

[2]) Vgl. Die jährlichen Berichte der Kapregierung über die Lasten.

[3]) Die General-Kommissare (KKGG. 620) meinten, daß die Zahlen in der 2. Periode nicht viel größer waren. Vertraubare statistische Tabellen liegen jedoch nicht vor.

[4]) Kapreg. an die Siebzehn 27. Sept. 1791.

arzt stelle selbst die Forderungen an Arzneien, Gerätschaften, Lebensmitteln und barem Gelde auf, ohne jegliche fremde Kontrolle und ohne irgend jemand Verantwortung schuldig zu sein[1]). Dieser Bericht wurde nicht durch die gewöhnlichen Instanzen nach den Niederlanden befördert, wohl aber etwas später der wertlose und gefälschte Bericht der Regenten aus dem Jahre 1788. Auf letzteres Dokument berief sich die Kapregierung 1791, um die genaue Kontrolle des Hospitals durch die Regenten nachzuweisen[2]). Sie kannte aber sehr wohl den zweiten, späteren Bericht der Militärkommission, deren Vorschläge sie zum Teil schon vor September 1791 verwirklichte[3]). Daß sich der Zustand trotzdem nicht wesentlich besserte, erhellt daraus, daß die Generalkommissare bei ihrer Ankunft am Kap fast ebenso unzufrieden waren über die Hospitalverwaltung wie die Militärkommission im Jahre 1789[4]). Dieser Art also war die Überwachung des Hospitals, welches nach Angaben des Direktors im Rechnungsjahr 1786 bis 1787 durchschnittlich am Tag 455 Patienten beherbergte[5])! Es war im Grunde genommen nichts als ein reiches Ausbeutungsfeld für die betreffenden Beamten, die dadurch große Schätze erwarben[6]). Das Verfahren war mehr als einfach, die Beamten machten gemeinsame Sache im Betrügen, und da alle unter einer Decke steckten, war kein Verrat zu befürchten. So war es denn möglich, von Jahr zu Jahr immer größere Ausgaben in den Büchern zu verrechnen; mit welch bodenloser Frechheit man dabei zu Werke ging, beweisen die Fleischlieferungen in dieser Zeit: Die gesunden Matrosen der anlegenden Schiffe erhielten täglich $^3/_4$ Pfund Fleisch pro Kopf[7]); in den Hospitalrechnungsbüchern dagegen weisen manche Monate einen Fleischverbrauch auf von $3^1/_4$ Pfund täglich für den Patienten[8]). Allerdings war es üblich, Lieferungen, die das Hospital nichts angingen, auf seine Rechnung zu buchen, eine Gepflogenheit, die unter v. d. Graaff noch zunahm[9]), aber nach Abzug aller dieser Beträge stellt sich der Fleischverbrauch dennoch auf mehr als ein

[1]) Bericht der Militärkommission, J. Vaillant, C. Verhuell und J. Gravenstein.

[2]) Kapreg. an die Siebzehn, 27. Sept. 1791.

[3]) Ebenda. Vgl. auch den Briefwechsel zwischen der Militärkommission und der Kapreg. im August und September 1789.

[4]) Vgl. KKGG. 615 ff.

[5]) Bericht des Hauptarztes a. D. P. Domus. 27. März 1791.

[6]) Vgl. KKGG., 616.

[7]) KKGG., 627.

[8]) Falck, Craayvanger en Scholten: Memorie van Cansideratien.

[9]) Vgl. Bericht des Hauptarztes a. D. P. Domus. 27. März 1891.

Pfund täglich pro Mann. Dazu kommt noch, daß viele der Patienten nur dem Namen nach vorhanden waren!

Im Jahre 1788 kamen 22 Schiffe mit 1011 Kranken im Tafelbaihafen an; als die Flotte weiterfuhr, blieben, nach Angabe der Bücher, 1314 Matrosen krank zurück[1]). Demnach wären binnen weniger Wochen 303 Leute im gesunden Kapstadt erkrankt! Nirgends wird solch ein außergewöhnlicher Fall gemeldet. Die Erklärung ist leicht zu finden; die Mannschaft blieb gern in Kapstadt zurück, und die Hospitalbeamten trugen sie bereitwilligst in die Krankenliste ein, um dann größere Lieferungen anfordern zu können. Währenddessen schweiften die »Kranken« im Lande umher, und die Beamten brachten ihr Schäfchen ins Trockene, weil sie Extrarationen einsteckten. Man erlaubte auch Wiederhergestellten im Hospital zu bleiben, falls sie bereit waren, den Bedienten ihre Arbeit abzunehmen, oder sie durften in den entlegeneren Bezirken Geld verdienen, wovon ein gewisser Prozentsatz den Beamten zufiel, während anderseits wegen ihrer vermeintlichen Anwesenheit das Hospital sich größere Vorräte, als ihm zukam, anfordern konnte[2]). 1789 standen 644 Mann auf der Krankenliste, davon waren 121 überhaupt nicht im Hospital aufzutreiben, dagegen hielten sich 25 seit 1785, 22 seit 1786 und 42 seit 1787 ständig im Hospital auf[3]). Man kann also mit Sicherheit annehmen, daß die gewaltigen Anforderungen von Lebensmitteln, über die die Herren Siebzehn, die Militärkommission und die Kommissare Klage führen, den eigentlichen Bedarf weit übertrafen. Für die Weise, in welcher der Gewinn realisiert wurde, trifft wohl die Vermutung der Kommissare zu, daß eine »veel te naauwe Verstandhouding« zwischen den Schlächtern und den zuständigen Beamten bestünde[4]).

Mit diesem Gewinn waren die Hospitalangestellten jedoch noch lange nicht zufrieden. Selbst jene Patienten, die wirklich krank im Hospital lagen, mußten sich eine unmenschliche Behandlung gefallen lassen. Sie hatten keinerlei Einkommen, da ihr Sold zur Deckung der Verpflegungskosten zurückgehalten wurde, und waren also ganz auf das angewiesen, was ihnen die Angestellten zukommen ließen, und das war wenig genug. Obgleich es im Hospital von Bedienten und Sklaven wimmelte, mußten die Patienten doch selbst für sich sorgen, ja sogar die

---

[1]) Siebzehn a. d. Kapreg. 3. Dez. 1789.

[2]) Vgl. E. Bergh., Memorie over de Kaap de Goede Hoop, 110 (In Theal: Belangryke Historische Dokumenten III.).

[3]) Bericht der Militärkommission.

[4]) KKGG. 628.

Wäsche des Bettzeugs besorgen; viele waren viel zu krank dazu und mußten daher hilflos in den unsauberen Betten liegen. Das Essen wurde in unzureichenden Rationen und unschmackhafter Zubereitung zugeteilt; die Räume waren überfüllt und daher die Ansteckungsgefahr sehr groß; »in het kort kan men zeggen dat alles wat in een hospitaal vereischt wordt totaal ontbreekt«[1].)

Das alte Hospital war zu klein, und darum begann die Regierung 1772 mit der Errichtung eines neuen Gebäudes, das nun Jahr für Jahr bedeutende Geldsummen verzehrte, 1787 bis 1788 sogar fl. 135517,19[2]), ohne daß es je fertig wurde. Schon 18 Jahre hatte man daran gebaut, als das für irgendein anderes Land Unerhörte geschah: V. d. Graaff meldete den Siebzehn, daß nicht nur die Lage ungünstig für ein Hospital sei, sondern auch der Bau ungeeignet[3]). E. Bergh behauptet, daß der Bau wohl in 5 Jahren hätte vollendet sein können, daß aber sämtliche Interessenten, vom Gouverneur herab bis zu den Materiallieferanten, so großen Vorteil aus der Fortsetzung des Baues gezogen hätten, daß keiner das Ende herbeiwünschte[4]).

Das soeben geschilderte Leidwesen im Hospital wiederholte sich bei der Behandlung der »Rekonvaleszenten«. Es war nämlich üblich, die Patienten, sobald sie einigermaßen hergestellt waren, zur Arbeit aufs Land zu schicken, bis sie wieder ganz gesund wären. Die Behandlung hier gab derjenigen im Hospital an Bösartigkeit nichts nach, so daß viele, statt sich zu erholen, bald wieder hospitalreif waren. Einige wurden anderwärts mit Arbeit, zu der sie nicht befähigt waren, beschäftigt, andere gar als gesunde Arbeiter auf Außenposten der Kompanie eingestellt, während ihre Namen auf der Rekonvaleszentenliste stehen blieben und die ihnen vorgesetzten Beamten ihre täglichen Rationen weiter in Empfang nahmen. So finden wir 1789 noch sieben Leute, die seit 1785 schon »reconvalescenten aan de linie« sind[5]).

---

1) Bericht d. Militärkomm. vgl. auch Falck, Craayvanger en Scholten, Mem. v. Consideratien; Brief d. Siebzehn a. d. Kap Reg. 2. Okt. 1790; E. Bergh, Memorie 108. Bergh, der oft eine etwas übertriebene Sprache führt, sagt: »So onthielden de bediendens hun alles wat tot kleeding, ligging, spyziging, laving en genezing strekken moest en ook daarvoor in ruime mate verstrekt geworden was, hun in een staat van vervuiling en verwaarloozing ellendiglyk doende omkomen indien God met zyne ontferming niet onmiddelyk tusschen beiden trad«.

2) P. R. Res. 11. Aug. 1789.

3) V. d. Graaff an die Siebzehn. 19. Okt. 1790.

4) E. Bergh, Memorie. 107—8.

5) Bericht der Milit. Kommission 1789; vgl. E. Bergh, Memorie, 108—9.

So kostete die Verwaltung des Hospitals durch die Regierung am Kap der Kompanie noch viel mehr, als aus den Büchern ersichtlich ist, und damit gewinnen wir ein gutes Beispiel dafür, wie wenig die Beamten sich um die Interessen der Kompanie kümmerten.

Die Militärkommission faßte 1789 die Sachlage folgendermaßen zusammen: »de Zeevaarende, welkers aanwerving en onderhoud zulke enorme Schatten jaarlyks aan de . . . Compagnie kosten, (leeven) hier in een staat van veragting, armoede en losbandigheid — zoo strydeg met de belangens van de — — — Compagnie, als met alle Principes, of welke een geregeld bestier, over Menschen, die zoo noodzakelyk zyn, en zoo veel en gedurig ofzigt nodig hebben, diende te steunen — — —.«

In dieser Weise behandelte die Kapregierung das Menschenmaterial der Kompanie, und so können wir uns vorstellen, wie mit der leblosen Habe gewirtschaftet wurde, wo doch der Betrug viel leichter, die Entdeckung viel unwahrscheinlicher war.

B. Ausgaben für das Verteidigungswesen.

Die Versuche der Engländer im Jahre 1781, das Kap zu erobern, hatten der Kompanie einen solchen Schrecken eingejagt, daß sofort weitgehende Maßregeln zur Abwehr zukünftiger Angriffe ins Werk gesetzt wurden. Gleich nach der Schlacht zwischen Suffren und Johnstone wurde ein französisches Regiment in Kapstadt stationiert und erst 1784 zurückgezogen, als die Kompanie selbst für Ersatz gesorgt hatte. Von 1782 bis 1791 hielt sich fortan ständig wenigstens ein Söldnerregiment am Kap auf, von 1782 bis 1783 das Luxemburgische, von 1782 bis 1788 das Schweizer Regiment von de Meuron und von 1787 bis 1791 ein württembergisches Regiment[1]). Der größte Teil des Soldes und außerdem die Unterhaltungskosten dieser Truppen wurde aus der Kasse der Kapregierung bestritten; während der sieben Jahre, 1785 bis 1791, beliefen sich die direkten Auslagen für diese Truppen auf fl. 2453151, oder durchschnittlich 27 vH der Gesamtausgaben am Kap; im Rechnungsjahr 1789 stiegen sie sogar auf 32 vH[2]).

Diese Regimenter wurden eins nach dem andern weiter nach Osten befördert, das letzte im Jahre 1791, als die Kompanie sich gezwungen sah, selbst zu einer solchen Verzweiflungstat, wie die militärische Preisgabe des Kaps es war, ihre Zuflucht

---

[1]) Memorien van den Gouverneur van de Graff over de Gebeurtenissen aan de Kaap de Goede Hoop (1780—1806), medegedeeld door Leibbrandt en Heeres, 17 ff, besonders die Anmerkungen.

[2]) Vgl. die jährlichen Finanzberichte der Kapregierung.

zu nehmen, um nur Geld sparen zu können[1]. Aber damit waren die Ausgaben für Söldner am Kap doch noch nicht völlig abgetan, denn es wurden dauernd Rekruten für diese Regimenter von Europa ausgesandt, die eine Zeitlang in Kapstadt liegen mußten, wo sie selbstverständlicherweise Anspruch auf Verpflegung machten. So kam es zu einer permanenten Niederlage für die durchreisenden Rekruten; auf diese Weise kosteten in den zwei Jahren 1793 und 1794 diese Regimenter der Kapregierung fl. 61271, obwohl sie in Indien stationiert waren[2].

Diese Truppenteile bildeten nur eine Verstärkung der eigent lichen kapstädtischen Garnison, welche 1784 nur 530 Mann zählte[3]. Aber da man es für politisch weise hielt, das Kap militärisch zu verstärken, stieg diese Zahl schnell und erreichte 1790 die doppelte Stärke, 1059[4], eine Zahl, die von den Siebzehn auch nach den Einschränkungen von 1791 als Mindestzahl angesehen wurde[5]. Die Verwaltung militärischer Angelegenheiten war solcherart, wie man sie eigentlich bei einer Handelsgesellschaft erwarten mußte. Der Befehlshaber der Truppen war ipso facto Mitglied des politischen Rates. Als nun in der Person v. d. Graaff ein Offizier nach dem Kap kam, der gerade wegen seiner militärischen Kenntnisse zum Gouverneur ausersehen war zu einer Zeit, als Kapstadt stärker befestigt werden sollte, kam es zu endlosen Streitigkeiten zwischen dem Gouverneur und den militärischen Führern. Diese Zwistigkeiten erscheinen mit großer Regelmäßigkeit im Briefwechsel und in den Sitzungsberichten des Politischen Rates während der nächsten Jahre. Eine gesonderte Militärverwaltung gab es nicht; die Soldaten empfingen, wie alle anderen Untergebenen der Kompanie, ihren Lohn teils in Geld, teils in Rationen, und die hieraus erwachsenden Ausgaben wurden zu den allgemeinen Ausgaben gerechnet[6]. Nur während des Englischen Krieges führte man eine besondere Kriegskostenrechnung, wobei die außergewöhnlichen Ausgaben, welche der Krieg mit sich brachte, die aber auch nachher noch fortdauerten, als »extraordinäre« Kosten verrechnet wurden. Dieser letztgenannte Posten wuchs nun in den 80er Jahren gewaltig, wahrscheinlich weil es dem kriegerischen v. d. Graaff schon schwer

[1] Siebzehn an die Kapreg. 1. und 2. Okt. 1790.

[2] KKGG. 504 und Kapkommission für Nachprüfung der Finanzen. 14. Juni 1791.

[3] Kapreg. an d. Indische Reg. 5. Jan. 1785.

[4] Kapreg. an die Siebzehn. 25. Okt. 1791.

[5] Siebzehn an die Kapreg. 2. Okt. 1790.

[6] Vgl. Kapkommission zur Prüfung des Finanzwesens. 24. Juni 1791.

fiel, sich in ganz friedfertige Verhältnisse zurückzufinden, wie sie vor 1781 galten. Das Militär wurde nämlich bis dahin, wie auch alle anderen Angestellten der Kompanie, zu schlecht besoldet, und so mußte der Soldat sich hier genau so, wie in dieser Zeit auch noch in Europa, einen Nebenverdienst zu schaffen suchen. Deshalb entstand das sog. »Paßgängersystem«[1]). An denjenigen Tagen, an denen der Soldat nicht Wache zu stehen hatte, durfte er sich in der Stadt als Handwerker verdingen, um Geld zu verdienen; oder er durfte sich ganz vom Dienste beurlauben lassen, um sich einem Handwerk zu widmen; trotzdem erhielt er seinen Sold zum Teil weiter; freilich mußte er dafür monatlich eine bestimmte Summe einzahlen, die zur Unterstützung der Offiziere und der nicht beurlaubten Mannschaft diente; Geld wurde ihnen mit Rücksichtnahme auf den Rang der Empfänger zugeteilt. Andere wiederum konnten unter gewissen Bedingungen von Bauern gedungen werden, um als Großknechte oder Schulmeister auf den Farmen zu dienen, wobei ihr Sold zurückbehalten wurde[2]). Dadurch sparte die Kompanie viel Geld und das ist auch das einzige, was zugunsten dieses merkwürdigen Systems gesagt werden kann. Während des Englischen Krieges galten diese Ausnahmebedingungen natürlich nicht, denn jeder Mann mußte auf seinem Posten sein. Die Soldaten mußten aber für den Verlust jener Nebenverdienste entschädigt werden, was dadurch geschah, daß das Fehlende aus der Regierungskasse zugesetzt wurde. Da nun im Laufe der Zeit auch die Lebensmittel im Preise stiegen, so wurden außerdem noch verschiedene kleine Nachzahlungen notwendig[3]). Anfänglich bedeutete dies keine große Belastung der Kompanie, aber je mehr die Garnison verstärkt wurde, desto höher stiegen auch diese Ausgaben, bis sie im Jahre 1789 fl. 78944 betrugen[4]).

Nach dem Kriege war die Kompanie besonders darauf bedacht, widerstandsfähige Festungswerke am Kap zu schaffen, und v. d. Graaff, als militärischer Fachmann, machte sich mit Eifer an diese Aufgabe[5]). Binnen kurzer Zeit hatte er eine Denkschrift abgefaßt über die notwendigen Maßregeln, aber in der ganzen Schrift wird nicht einmal erwähnt, wie hoch die Kosten

---

[1]) Vgl. das Freiwächtersystem in Preußen.

[2]) Vgl. v. d. Graaff, Memorien, 32 ff; Thunberg, Reise durch einen Teil von Europa, Afrika und Asien ... in den Jahren 1770 bis 1779, I. 103; Mentzel, Beschreibung I, 296 ff., 442.

[3]) Kapkommission zur Prüfung der Finanzen. 24. Juni 1791.

[4]) Ebenda.

[5]) Vgl. Bericht d. Militärkommiss. 1789.

der Ausführung sein würden. Den Herren Siebzehn, die ihre Befremdung darüber äußerten, antwortete er, daß eine Kostenberechnung ausgeschlossen sei[1]). Dieser eine Fall kennzeichnet das ganze Auftreten des Gouverneurs in bezug auf die Verteidigungswerke; über die Kosten zerbrach er sich nie den Kopf. Den Siebzehn verriet er einfach nicht, wofür er das Geld verausgabt habe, und den Politischen Rat, der diese Ausgaben erst gutzuheißen hatte, schob er beiseite[2]). Wollten irgendwelche Ratsmitglieder sich ihm nicht blindlings unterordnen, so berief er sich auf spezielle Instruktionen und Vollmachten, die ihm angeblich durch die Siebzehn erteilt wären; auch würde er schon persönlich vor den Siebzehn Rechenschaft ablegen[3]).

Die zwei kaum zu trennenden Ausgabequellen, die der Gouverneur, ohne Mitwirkung des Politischen Rates und ohne Erlaubnis der Siebzehn, ganz nach eigenem Gutdünken handhabte, wurden »Rekening van Timmeragie en Reparatie« und »Rekening van Fortification« benannt. Erstere Rechnung schloß alles in sich, was zum Bau und zur Instandhaltung der Regierungsgebäude gehörte, letztere galt der Errichtung von neuen Festungswerken[4]). Schon während der Kriegsjahre waren diese Posten stark in die Höhe geschnellt, aber erst nach der Ankunft von v. d. Graaffs wurde der Hochstand erreicht. Während für 1780 die Posten noch fl. 30370 und fl. 9870 betrugen, stiegen sie schon 1783 auf fl. 47623 und fl. 136265 und 1788 sogar auf fl. 73040 und fl. 209090[5]); dabei darf nicht vergessen werden, daß bei diesen Summen der Sold und die Rationen der Ingenieure, Handwerker, Lastwagenführer sowohl, als auch die Unterhaltungskosten für Regierungssklaven und die Zugochsen nicht mit einbegriffen sind. Für eine bankrottreife Gesellschaft waren diese Mehrausgaben geradezu verhängnisvoll, noch dazu bei einer Besitzung, die man schon vor 1781 als schwere Belastung empfand. — Statt daß ihnen nun genaue Berichte über die Verwendung dieser Gelder und über den Fortschritt der Arbeiten an den Gebäuden und Festungswerken zugingen, erhielten die Siebzehn Jahr für Jahr einen Bericht, der mit Recht ihre Entrüstung hervorrief. Am 30. April 1788 schreibt die Kapregierung z. B. wörtlich[6]):

---

[1]) Siebzehn an die Kapreg. 31. Dez. 1788 und 22. Dez. 1791.

[2]) Die Resolutionen des Pol. Rates in diesen Jahren wissen nichts von Festungsbauten.

[3]) Bericht der Prüfungskommission in Angelegenheit v. d. Graaff; Kapreg. an die Siebzehn. 9. Mai und 29. Juli 1791.

[4]) Kapkommission zur Prüfung der Finanzen. 24. Juni 1791.

[5]) Vgl. die Jahresberichte der Kapreg.

[6]) Missive an die Siebzehn.

»De thans volgende Hoofddeelen van Fortification, Timmeragien ... leeveren jegenswoordig niets ter verhandelinge op; dus gaan wy over tot dat der Negotie Boeken.« Kein Wort der Aufklärung, obwohl 1787 unter diesen Posten eine Mehrausgabe von fl. 28624 gegenüber dem Vorjahr zu verzeichnen war, und obgleich sie mehr als 14 vH der Gesamtausgaben am Kap betrugen[1]). So ging es während der Regierung v. d. Graaffs immer; Jahr für Jahr klagten die Siebzehn in jeder Beurteilung der Finanzen am Kap über die dortige Regierung und geißelten ihr Verhalten mit scharfen Worten, ohne jedoch irgend etwas dadurch zu erreichen. Als v. d. Graaff abberufen wurde, wußten die Direktoren nur, wieviel Geld für diese Zwecke verausgabt sei, nicht aber, was er damit erreicht habe, welche neue Gebäude entstanden oder wie nahe die Festungswerke ihrer Vollendung entgegengerückt seien[2]). Wohl wurden jährlich vollständige Abschriften der Rechnungsbücher vom Kap an die Siebzehn geschickt[3]), aber scheinbar wurden sie von niemand eingesehen. Trotzdem sie jahrelang den gewünschten Bescheid vergebens in den Berichten der Kapregierung suchten, machte sich doch keiner der Direktoren dieser Kompanie, die schon damals unter ihren Schulden zusammenzubrechen drohte, die Arbeit, einmal selbst in den Büchern nachzuschlagen und sich über die Vorgänge in der Kapkolonie zu orientieren. Es scheint fast, als ob sie sich ausschließlich mit den Briefen der Kapregierung begnügten, und jedenfalls ist es auch ein solcher Brief, verfaßt von den Ratsmitgliedern in der Absicht, den Rat reinzuwaschen und dem Gouverneur alle Schuld in die Schuhe zu schieben[4]), der sie zu ihrem Staunen auf die »sonderlinge directie« in der Verrechnung dieser beiden Posten aufmerksam machte[5]). Und die eingeschlagene Methode war in der Tat merkwürdig, so merkwürdig, daß selbst am Kap keiner imstande war, genaue Rechenschaft darüber abzulegen, wozu das Geld verwendet worden war. Nur ungefähr für die Hälfte der Ausgaben lag eine detaillierte Buchführung vor, aus der sich die

---

[1]) Vgl. P.R. Res. 7. März 1787 und 4. April 1788.

[2]) Falck, Craayvaager en Scholten, Memorie van Consideratien.

[3]) Diese Rechnungsbücher wurden zusammen mit denen aller anderen Handelsstationen 1867 vom Vorstand des Reichsarchivs im Haag vernichtet. Nur die Deckblätter und eine Liste dieser Bände sind uns erhalten, als Denkmal für dieses unglückliche Vandalentum.

[4]) Kapreg. an die Siebzehn. 9. Mai 1791.

[5]) Siebzehn an die Kapreg. 14. Dez. 1792; aus diesem Brief ist ersichtlich, daß sie erst zu dieser Zeit die Rechnungsbücher eingesehen haben.

Verwendung ergab, das übrige stand einfach unter der Rubrik »aan de fortificatie werken«. So wurde hier die Besoldung von Mietssklaven angeführt, ohne daß deren Aufgabe auch nur angedeutet wäre[1]).

Wir haben schon öfters die Kommission zur Prüfung der Finanzen am Kap genannt; obwohl diese sich aus den tüchtigsten Beamten der Kapkolonie zusammensetzte, konnte sie doch in diesem Wirrsal keine Klarheit schaffen, so wenig, daß dieser Teil ihres Berichtes den Siebzehn auch dann noch unklar blieb, nachdem sie ihn mit den übersandten Rechnungsbüchern verglichen hatten[2]). Man kann sich nun denken, wie verfehlt das Buchführungswesen und die ganze Finanzverwaltung am Kap war; und es nimmt uns nicht wunder, daß in dieser Zeit der wachsenden Geldnot die Unzufriedenheit der Kompanie mit dem Kap, das eine so schwere Belastung für sie bedeutete, aufs höchste stieg.

III. Kapitel.

Das Kap als Lastposten im Finanzwesen der Kompanie.

(Fortsetzung.)

C. Kosten der Kolonialverwaltung des Kaps.

Das »Kap der Guten Hoffnung« hatte in den letzten Jahren der Kompanie schon eine große Ausdehnung gewonnen. Das

---

[1]) Kapreg. a. d. Siebzehn. 9. Mai 1791. Kapkommission zur Prüfung der Finanzen. 24. Juni 1791.

[2]) Siebzehn an die Kapreg. 14. Dez. 1792. Der Bericht der Kommission vergrößert noch die Verwirrung. In ihrer Besprechung der Ausgaben für Befestigung unterscheidet sie für jedes Jahr drei verschiedene Beträge: 1. den Gesamtbetrag; 2. denjenigen Betrag, der sich aus den einzeln angeführten Ausgaben zusammensetzt, und 3. den Betrag, welchen die in den Büchern als allgemein bezeichneten Ausgaben ergaben, aber für kein einziges Jahr stimmt die Rechnung: Betrag 2 + Betrag 3 = Betrag 1. Der Gesamtbetrag ist immer geringer als die zwei Sonderbeträge zusammen; z. B. sind die Ziffern im Jahre 1781 folgende: 1. fl. 15087 — 2. fl. 12016,8$^{1}/_{2}$, 3. fl. 9444,10$^{1}/_{2}$ und 1788: 1. fl. 209089,17, 2. fl. 163657,14$^{1}/_{2}$, 3. 68994,19$^{1}/_{2}$. Nachdem die Siebzehn ohne Erfolg die Bücher zum Vergleich herangezogen hatten, um diese seltsame Rechnung zu verstehen, forderten sie von der Kapregierung die Beilagen, die wohl den Bericht ergänzten, ihnen aber nicht zugegangen wären. Leider haben sie, soweit es ersichtlich ist, nie diese Beilagen erhalten und so ist dieses Rätsel noch heute ungelöst.

Vorschieben der Grenze richtete sich ganz nach den Neusiedlungen der Kolonisten, für welche geographische und klimatische Verhältnisse das Vordringen in östlicher Richtung erforderten, denn im Norden war das wasserarme, dürre Land wenig für Landwirtschaft geeignet. So kam es, daß gegen 1785 die Kapkolonie aus einem langgestreckten Streifen bestand, der bis etwa acht Grade östlich von Kapstadt reichte. Am westlichsten Ende dieses Gebietes lag der Sitz der Regierung, während die sehr kleine europäische Bevölkerung im ganzen Lande verstreut wohnte. 1785 betrug die Gesamtzahl der weißen Einwohner, abgesehen von den Angestellten der Kompanie, 12898, von denen nur 3238 in Kapstadt und deren unmittelbarer Umgebung (im Kapbezirk) wohnten. 1792 war die Zahl der Bewohner der Stadt und Umgebung auf 4254, die der Landbevölkerung auf 13998 gestiegen[1]). Unter diesen Umständen müßte man erwarten, daß die Verwaltung der Kolonie der Kompanie große Summen gekostet hätte, aber in Wirklichkeit war das Gegenteil der Fall. Das Kap wurde eben auch in diesen letzten Jahren als mehr oder weniger wichtiges Anhängsel des Tafelbai-Erfrischungshafens angesehen. Nur für die allerdringendsten Bedürfnisse der Kolonisten wurde gesorgt. Der Hohe Gerichtshof für die ganze Kolonie war in Kapstadt; das Land selber wurde zuletzt in sieben Kirchgemeinden eingeteilt, deren Pastoren durch die Kompanie angestellt und besoldet wurden; zu jeder Kirche gehörte eine kleine Schule, deren Lehrer Regierungsbeamter war.

Die Gemeinden waren aber viel zu ausgedehnt, so daß bei weitem die meisten Kinder wegen der großen Entfernungen die Schule nicht besuchen konnten. (Dies trifft selbstverständlicherweise nur für die Landgemeinden und nicht für Kapstadt zu.) Eheschliessungen, Erbschaftsverhandlungen und Grundbesitzerwerb wurden von der Regierung selbst überwacht, aber in allen örtlichen Angelegenheiten hatte die Bezirksverwaltung weitgehende Vollmachten. Der Landdrost war ein von der Regierung besoldeter Beamter, seine Heemraden waren Bürger, ebenso die Mitglieder des Bezirkskriegsrates und die Flurwächter[2]). 1785 wurde

---

[1]) Kapreg. an die Siebzehn, 1. Mai 1786 und 10. Aug. 1793. Diese Zahlen, welche durch die alljährliche Volkszählung gewonnen wurden, sind nur ungefähr richtig. Wie man dabei zu Werke ging, geht daraus hervor, daß der Census 1792 und 1793 für Graaff Reinet beide Male genau dieselbe Zahl von Männern, Frauen, Knaben und Mädchen ergab! (Vgl. Kapreg. an die Siebzehn, 10. Aug. 1793, mit dem vom 23. Okt. 1794.)

[2]) Vgl. G. W. Eybers »Bepalingen en Instructien voor het bestuur van de Buitendistricten van de Kaap de Goede Hoop«. In seiner

ein dritter Außenbezirk, Graaff Reinet, gegründet[1]). Der Landdrost wurde von der Regierung ernannt, von ihr wurde auch sein Gehalt und das seines kleinen Bureaus gezahlt, aber das war auch alles, was sie tat. Den Bezirksrat von Stellenbosch wies sie an, die für seine Reise benötigten Wagen und Ochsen aus seiner eigenen Kasse zu beschaffen; später sollte der neue Distrikt diese Auslagen zurückerstatten[2]). Auch zum Bau des Bezirksamtes wollte die Regierung nichts geben, und da noch keine Bezirkskasse vorhanden war, so wurden die Einwohner von Graaff Reinet aufgefordert, die Baukosten durch freiwillige Beträge zu decken[3]). Die Einrichtung dieses neuen Bezirks kostete der Regierung also weiter nichts als das Gehalt des Landdrosts und seines Stabes, und er war da, um die Interessen der Regierung wahrzunehmen und um ihren Handel mit den Eingeborenen zu führen[4]).

Für das daran grenzende Swellendam bedeutete die Gründung des neuen Bezirks allerdings einen Verlust, denn Graaff Reinet war vorher ein Teil des Distrikts Swellendam gewesen; dieses verlor nun einen Teil seiner Steuerzahler und dadurch entstand ein langwieriger Streit zwischen den beiden Bezirken. Swellendam behauptete, daß es durch die Entziehung der vielen Steuerzahler so große Verluste erlitte, daß es Schadenersatz von Graaff Reinet beanspruchen müsse. Graaff Reinet dagegen war von Anfang an so arm und hatte so viel von den Raubzügen der Kaffern und Buschmännern zu leiden, daß es nie bezahlen konnte. Endlich trug die Regierung den beiden Landdrosten auf, hier eine Lösung zu finden. Ihr Beschluß wurde darauf ohne weiteres von der Regierung als Schiedsurteil mit rückwirkender Kraft bestätigt, und zwar sieben Jahre nach der Gründung von Graaff Reinet. Dieser Bezirk mußte jährlich als Schadenersatz 200 Reichstaler an Swellendam bezahlen[5]). Schon ein Jahr später führte Graaff

---

Einleitung »Het Bestuur der Buitendistricten« schildert der Herausgeber die Entstehung und Entwicklung des Systems der Selbstverwaltung und betont die weitgehende Autonomie, welche die Bürger der Außenbezirke besaßen. Aus den Dokumenten der Reg. ist auch ersichtlich, daß nur selten die lokalen Angelegenheiten der Bezirke berührt wurden. Die Schriftstücke der Einzelbezirke einzusehen, ist mir leider nicht möglich gewesen.

[1]) Kapreg. an die Siebzehn, 6. Sept. 1785.

[2]) P. R. Res. 20. Dez. 1785.

[3]) P. R. Res. 17. Jan. 1786.

[4]) Vgl. ihre Instruktionen in P. R. Res. 19. Juni 1786.

[5]) P. R. Res. 30. Oktober 1792, worin ein Bericht über den ganzen Streit vorkommt.

Reinet Klage, daß es vom Nachbar zum Zahlen gedrängt würde, trotzdem es doch nicht zahlen könne[1]).

Die Regierung kümmerte sich nicht um die Außengemeinden; waren irgendwelche Neueinrichtungen nötig, so mußte die Bezirksverwaltung diese selbst planen und selbst die Mittel dazu finden. Das Bezirksamt hatte die Wege in Ordnung zu halten, was bei den Riesenentfernungen und der dünnen Bevölkerung natürlich ganz ausgeschlossen war. Allerhöchstens war es möglich, bei schwierigen Bergpässen Wege zu bahnen und Fähren für einige Flußübergänge zu stellen. Zufällig waren die allerschwierigsten Strecken auf dem Wege vom Innern nach Kapstadt im Verwaltungsgebiet von Stellenbosch, so daß dieser Bezirk aus eigener Kasse die Herstellung von Wegen bezahlen mußte, die für die entfernteren Bezirke eigentlich am wichtigsten waren. Die Regierung wollte nichts mit diesen Dingen zu tun haben, und so lagen Stellenbosch und Swellendam sich dauernd über die Unterhaltungskosten in den Haaren[2]).

Gerade so wie zwischen Graaff Reinet und Swellendam, so waren auch früher zwischen letzterem Bezirk und Stellenbosch Vereinbarungen getroffen, wonach Swellendam die Instandhaltungskosten von Bergpässen und Fähren im Stellenboscher Gebiet mit zu tragen hatte, aber diese Beiträge drückten Swellendam schwer und gaben Anlaß zu manchen Unerträglichkeiten[3]).

Selbst jene erste Pflicht einer Regierung, die Beschützung ihrer Untertanen, überließ die Kapregierung den Bezirksverwaltungen. Was den Polizeidienst betrifft, so ist dies kaum befremdlich, aber auch bei den nach 1780 immer häufiger werdenden Raubzügen der Kaffern und Buschmänner griff die Regierung nicht helfend ein. In den 90er Jahren war sie, wie wir sehen werden, militärisch und finanziell nicht so gestellt, daß sie die Bürger beschützen konnte, aber selbst zu v. d. Graaffs Zeit, als eine große Truppenmacht im Kap lag und man gewiß nicht an die Geldsorgen der Kompanie dachte, hatte man nie auch nur die Absicht, den Außenbezirken zu Hilfe zu kommen[4]).

---

[1]) Vgl. P. R. Res. 14. Oktober 1793.

[2]) Vgl. P. R. Res. 31 Jan. 1786. Bericht des Landdrosts von Swellendam.

[3]) Vgl. P. R. Res. 11. und 17. Nov. 1785.

[4]) Eybers (cf. Cit.) hat also nicht ganz recht, wenn er behauptet (p. 57), »dat de Kompanie gedurende de laatste twintig jaren van de achttiende eeuw gewikkeld was in een stryd om het leven en derhalve de burgers niet de nodige bystand verlenen kon by het bestryden van de kafferstammen — — —«

Es wurde bereits erwähnt, daß jeder Bezirk seinen Kriegsrat hatte; im Einvernehmen mit diesem konnte der Landdrost die Bürger gegen den Feind aufrufen, aber alle Ausgaben, sogar für die Munition, welche die Regierung lieferte, mußte der Bezirk selbst tragen[1]). Nur bei größeren Operationen gegen die Eingeborenen, wie z. B. als die Swellendamer zur Unterstützung von Graaff Reinet aufgeboten wurden, sorgte die Regierung auf eigene Kosten für Munition[2]).

Um nun seine Ausgaben zu decken, mußte der Bezirk Einnahmequellen schaffen; zu diesem Zweck war es von altersher üblich, Steuern zu erheben, von denen nächst dem Fährgeld das »Löwen- und Tigergeld« die einträglichste war. Für je 100 Schafe waren 16 Stuivers zu entrichten und ein Stuiver pro Rind[3]). Jährlich hatten die Kolonisten ihren Viehbesitz beim Landdrost anzugeben und demgemäß wurde die Steuer berechnet. Da eine Kontrolle der Zahlen sehr schwer war, ist es natürlich, daß die Bauern nach Möglichkeit viel zu niedrige Angaben machten[4]). Aber selbst diese viel zu niedrig berechnete Steuer wurde nur widerwillig bezahlt. Der Bezirksrat von Swellendam klagte z. B. 1785, daß er im vorigen Jahre an Fährgeld und Steuern nur 1274,8 Reichstaler habe eintreiben können, während 868,30 Reichstaler noch ausstünden[5]). Ratlos, wie er die ausstehenden Gelder einfordern sollte, wandte der Bezirksrat sich an die Regierung, welche ihm eine Antwort erteilte, die das Verhältnis der Regierung zu den ihr unterstellten Bezirksämtern trefflich kennzeichnet. Sie lautete nämlich: der Bezirksrat habe selber genügende Machtbefugnis und solle, falls zweckdienlich, ein gerichtliches Verfahren gegen die Widerspenstigen einleiten. Hiermit war für die Regierung die Angelegenheit endgültig erledigt[6]).

Kümmerte die Regierung sich einerseits nicht um ihre Außengemeinden, so verlor sie anderseits auch bald alle Kontrolle über deren Verwaltung und Verwaltungsbeamte, die ebenso unabhängig von ihr wurden, wie sie es von den Siebzehn war. Sie mußte sich

---

[1]) Vgl. P. R. Res. 24. Juli 1794; über die Verteidigung der Distrikte vgl. auch P. A. C. Wieringa: »De Oudste Boeren-Republieken« 26 ff.

[2]) Vgl. P. R. Res. 7. Aug. 1793.

[3]) Vgl. H. Campagne an de Mist. (MS. Germ. Folio 887, 59.)

[4]) De Mist (Memorie 56) nennt als Beispiel die Tatsache, daß 1793 amtlich nur 110 Schweine vorhanden waren, während in Wahrheit die Schweine in der Kolonie nach Tausenden zählten.

[5]) P. R. Res. 11. Nov. 1785.

[6]) Ebenda.

blindlings auf die Berichte der Landdroste verlassen, und wie leicht es diesen wurde, die Regierung hinters Licht zu führen, möge folgender Fall illustrieren: Constant van Nult Onkruydt war von 1782 bis 1789 Landdrost von Swellendam[1]; bei seinem Rücktritt nun fand sein Nachfolger, Faure, ein unbeschreibliches Durcheinander in den Akten, teils gefälschte, teils unverständliche Rechnungsführung in den Büchern und außerdem einen Reichtum an Schulden[2]. Trotzdem hatte die Regierung während seiner langen Dienstzeit von alledem nichts erfahren.

Es war mithin keine sinnlose Bezeichnung, wenn jeder einzelne Bezirk in den Schriftstücken der Kompanie durchweg als »Colonie« bezeichnet wurde[3]. Besonders gilt dies für die entlegeneren Bezirke, die der Kapregierung sozusagen gleichgültig waren, und deren Bewohner für jene Regierung nur in ihrer Eigenschaft als Steuerzahler und Fleischlieferanten für den Erfrischungshafen Kapstadt bestanden; denn noch immer galt das Kap in erster Linie als eine solche Erfrischungsstation, deren Einwohner mit dazu helfen sollten, daß die Station ihrer Aufgabe gerecht wurde, ohne daß der Kompanie dadurch erhebliche Kosten erwüchsen. Weder die Kompanie noch die Regierung dachte daran, die Interessen der Kolonisten zu würdigen und dementsprechend dem Lande die Wege zu aussichtsreicher Entwicklung zu ebnen.

D. Kosten der Erhaltung des Erfrischungshafens.

Nach Abzug der schon besprochenen Ausgaben bleiben nur noch jene Kosten, die mit der Verwaltung der Erfrischungsstation eng zusammenhängen. Man kann den Verwaltungsapparat füglich als den eines »comptoirs«, ein von der Kompanie gern für ihre Stationen angewandter Name, ansehen, als ein großzügig angelegtes Zweigbureau mit ganz besonderen Aufgaben. Ganz trifft das zwar nicht zu, denn der Zweigvorstand trat zugleich als Regierung der dortigen weißen Bevölkerung auf, aber wir haben bereits im letzten Abschnitt darauf hingewiesen, wie wenig ernst er diese zweite Pflicht nahm, wie Gesetzgebung und Administration auf das allernotwendigste beschränkt waren, und man nur auf die Produktenlieferung und Steuereinkünfte Wert legte. Hauptzweck blieben immer die Interessen der Kompanie und das Verwalten des Erfrischungshafens in ihrem Sinne. Grund-

---

[1] Theal: History III, 167, 183.

[2] Pol. R. Res. 28. Juli 1789. Bericht von Faure.

[3] Vgl. Eybers 69: »Swellendam en Stellenbosch, door de Kapstadse moeder-kolonie gesticht, waren byna evengoed kolonien in de hedendaagse zin als de Kaap en Java dat waren.«

sätze und Organisation der Kompanie waren eben die einer das Handelsmonopol beanspruchenden Gesellschaft.

Aufgabe des Kaps war es, die einlaufenden Schiffe mit frischen Lebensmitteln zu versehen und beschädigte Schiffsteile zu ersetzen. Hierfür mußten zwei Einrichtungen getroffen werden; die eine zur Beschaffung von ausreichenden Nahrungsmitteln, die andere zur Beschaffung von Schiffsmaterial. Zu diesem Zweck waren im Jahre 1652 eine Anzahl von Dienern der Kompanie nach dem Kap geschickt worden, um dort selber das benötigte Getreide und Gemüse zu bauen, Fleisch durch Tauschhandel mit den Eingeborenen zu erwerben und um das Schiffsmaterial in Empfang zu nehmen und zur Verfügung bereitzuhalten. Bald jedoch entwickelte sich das Kap und wurde mehr als eine bloße Erfrischungsstation, wurde in Wirklichkeit eine Kolonie. Die Grundsätze aber der Verwaltung waren im wesentlichen 1785 noch dieselben wie hundert Jahre zuvor.

Noch immer waren die Kolonisten nur dazu da, um ihre Produkte und ihr Vieh abzuliefern. Alles andere tat dem Namen nach die Kompanie selbst. Sogar der ursprüngliche Plan der Kompanie, sich ganz und gar selbst zu versorgen mit Vieh und Gemüse, blieb zum Teile bestehen, obgleich er schließlich ganz zum Zerrbilde wurde.

In der Theorie versorgte die Kompanie sich selbständig mit Gemüse für Hospital und Schiffe, schaffte selbst große Fuhren von Brennholz und Bauschilf, wovon man immer viel benötigte, herbei und führte alle Bauten selbst aus, ganz gleich ob Festungswerke oder Verwaltungsgebäude. Hierfür, und auch für eventuelle militärische Expeditionen, mußte die Kompanie also eine große Anzahl von Pferden und noch mehr Zugochsen haben. Es ergibt sich also, daß die Kompanie selbst eine Reihe von Farmen bewirtschaften mußte, erstens für den Gemüsebau, zweitens für den Anbau von Futtervorräten für die ständig gebrauchten Zugochsen und endlich als Weideplätze für Zucht- und Schlachtvieh. Einzelne Plätze mußten wegen ihrer strategischen Bedeutung besetzt gehalten werden und andere waren als Fischerstationen notwendig, besonders zur Versorgung der Sklaven. So kam es, daß die Kompanie schließlich eine große Zahl von Außenposten besaß; 1791 waren es über 20; kein Mensch kannte deren Größe genau, einige waren wirklich nur Posten, während andere große räumliche Ausdehnung hatten[1]).

---

[1]) Bericht von O. G. de Wet und W. v. Reede. v. Oudtshorn an den Pol. Rat. 26. April 1791; Kapreg. an die Siebzehn. 9. Mai 1791.

Der Nutzen, den die meisten dieser Außenposten der Kompanie brachten, war recht zweifelhafter Art, während die daraus erwachsenden Ausgaben ganz bedeutende waren. Das fühlte auch die Kammer der Siebzehn und suchte deshalb Genaueres darüber in Erfahrung zu bringen. 1788 suchte v. d. Graaff ihnen zu beweisen, daß alle Außenposten unentbehrlich wären, aber die Siebzehn gaben sich damit nicht zufrieden, sondern forderten eine ausführliche Aufstellung[1]).

Am Kap war aber niemand, der imstande war, eine solche Einzelrechnung auszuarbeiten! Auch wünschten die Beamten durchaus nicht, daß die Siebzehn einen klaren Einblick gewönnen. Darum zog sich die Sache hin, bis von den Siebzehn endlich der klare Bescheid eintraf, einige Außenposten sollten sofort verkauft werden und über die anderen sei ausführlicher Bericht zu erstatten. Nun erst wurde eine Kommission angestellt, um die ganze Sachlage zu prüfen[2]), aber auch diese mußte gestehen, daß in den in Betracht kommenden Büchern ein solch wüstes Durcheinander herrsche, daß es sehr schwer sei, einen genauen Bericht auszuarbeiten[3]). Der wahre Sachverhalt war natürlich der, daß auch hier wie überall der Kompanie große Ausgaben erwuchsen, während der Gewinn nur oder fast nur einigen Beamten, mit dem Gouverneur an der Spitze, zufiel. 1786 berechnete er im Auftrage der Herren Siebzehn die Höhe seines Einkommens als Gouverneur; hier nannte er u. a. das Privilegium des Gouverneurs, sich auf einigen Außenposten eigenes Zuchtvieh halten zu dürfen, aber daß er selber nur einige Milchkühe und »eenige weinige paarden« dort habe, denn seiner Meinung nach vertrüge es sich nicht mit den Aufgaben eines Gouverneurs, gleichzeitig Landwirtschaft zu treiben, wie das früher wohl üblich gewesen wäre[4]). Als er aber merkte, daß die Siebzehn nicht abgeneigt wären, einige dieser Farmen, die er ja doch nicht gebrauche, zu verkaufen, da hatte er auf einmal wenigstens vier Außenposten für Eigenbedarf nötig, nämlich einen für die Milchkühe, zwei für die übrigen Rinder und einen für seine Pferdezucht[5]). Von einigen Außenstationen empfing er ausschließlich das Korn und die Gerste, um sie dann wieder an die Kompanie zu verkaufen[6]). Von einer

---

1) Siebzehn an die Kapreg. 31. Dez. 1788.

2) Bericht d. Komm. zur Prüfung der Angelegenheit v. d. Graaff.

3) Bericht von O. G. de Wet u. W. v. R. v. Oudtshorn a. d. P. R. 26. April 1791.

4) v. d. Graaff an die Siebzehn. 20. Aug. 1786.

5) Falk, Craayvanger en Scholten, Memorie van Consideratien. 1790.

6) v. d. Graaff an die Siebzehn. 20. Aug. 1786.

anderen Farm, dicht bei Kapstadt, »'t Rondeboschje«, erhielten er und der Sekundus allen Wein und fast alles Gemüse, nur hin und wieder wurde von dort aus etwas Gemüse an das Hospital geliefert, an die Schiffe nie[1]). Auf einem weiteren Posten waren neun Sklaven der Kompanie stationiert, deren Aufgabe es war, für den Gouverneur und seinen Sekundus Fischfang zu treiben. Auf der eigentlichen Fischerstation dagegen, von wo aus der Bedarf einiger Beamter und der Sklaven gedeckt wurde, war Korruption so an der Tagesordnung, daß auch sie für die Kompanie keinen eigentlichen Gewinn brachte[2]).

Mit dem Gemüsebau ging es genau so; wohl besaß die Kompanie noch immer den berühmten Garten in Kapstadt und noch andere Farmen, die speziell zur Versorgung des Hospitals und der Schiffe angelegt waren, aber in Wirklichkeit kostete auch dieser Garten, gerade so wie »'t Rondeboschje«, der Kompanie viel Geld, ohne daß sie dadurch Gemüse erhalten hätte. Es war ganz gebräuchlich geworden, sowohl das Gemüse wie den Gartensamen, die Batavia jährlich aus dem kapstädtischen Garten zu bekommen hatte, von den Bürgern zu kaufen[3]).

Auch bei jenen Farmen, die wirklich als Weide für Rinder der Kompanie dienten, überwog der Verlust den Gewinn. Schon die Militärkommission machte in ihrem Bericht von 1789 auf die ungesunden Zustände dort aufmerksam, aber erst eine Prüfung der Bücher in den Niederlanden, im Jahre 1790, deckte die geradezu unglaublichen Verhältnisse auf, die seit Jahren herrschten: Während im Jahre 1767 noch ein Rinderbestand von 2475 zu verzeichnen war, von denen 430 wegstarben, gegenüber einem Zuwachs von nur 80, so ergab das Jahr 1777 schon folgende Zahlen: 2966, 1293 und 86; und das Jahr 1787: 2421, 1447 und 29. Die Militärkommission suchte die Erklärung für diese abnormen Zustände daraus abzuleiten, daß Matrosen, die nicht mit Vieh umzugehen wüßten, als Hirten gebraucht würden[4]). Das allein kann aber unmöglich einen Verlust von 60 vH in einem einzigen Jahre verursacht haben, ganz gewiß aber nicht auf einer südafrikanischen Viehweidefarm und noch dazu in einer Gegend, wo nur selten Raubzüge der Buschmänner vorkamen. Viel wahrscheinlicher ist es, daß die Matrosen und Soldaten auf diesen

---

[1]) Bericht von de Wet und von Oudtshorn an den P. R. 26. April 1791.

[2]) Bericht von O. G. de Wet u. W. van R. v. Oudtshoorn a. d. Pol. Rat. 26. April 1791.

[3]) Falck, Craayvanger en Scholten, Memorie van Consideratien.

[4]) Bericht d. Militärkommission. 25. Sept. 1789.

Außenposten, wo es an aller Kontrolle fehlte, einfach dem Beispiel der Mehrzahl ihrer Vorgesetzten folgten und ihren spärlich bemessenen Lohn durch Betrug zu ergänzen suchten.

Wirklichen Nutzen brachten in der Tat nur die Holzfarmen. Brennholz für Stadt und Schiffe war bei dem Waldmangel in der Nähe von Kapstadt von großer Wichtigkeit, und es ist verständlich, daß die Kompanie wenigstens den Holzhandel nicht aus den Händen gab. Dennoch zeigten sich auch hier, wie es scheint, arge Mißstände.

Die Unterhaltung all dieser Außenposten kostete große Summen, wie hoch sie aber wirklich waren, wußte wahrscheinlich niemand[1]). Die Militärkommission berichtete, daß im Jahre 1789 auf den verschiedenen Posten der Regierung 327 Leute angestellt gewesen wären als Wagenführer, Hirten, Holzhacker und Stallknechte, außer 98 Rekonvaleszenten, deren Namen noch auf der Liste der Erholungsbedürftigen stünden, und die also sowohl in Kapstadt wie auch auf den Außenposten durch die Kompanie unterhalten würden. Das schon öfters erwähnte »Memorie van Consideratien« von Falck, Craayvanger und Scholten dagegen schätzt die Zahl auf nur 150, aber, wie es scheint, werden hier nur die Wagenführer und Viehhirten gezählt. Merkwürdig ist es auch, daß die Kapregierung in ihren jährlichen Angaben über die Zahl der Bedienten nie alle Außenposten anführt: für 1784 z. B. nennt der Bericht nur vierzehn Außenstationen mit 352 Bedienten, 1785 nur neun mit 66, 1788 nur acht mit 65 Bedienten[2]).

Wir haben schon gesehen, daß eine Anzahl der Außenposten nur für die Beamten Gewinn abwarf, obgleich dort viele Kompaniediener stationiert waren; aber auch die Zugochsen wurden in derselben Weise ausgenutzt. Nur wenige Frachten, wie Brennholz, wurden mit Wagen und Ochsen der Kompanie angefahren, meist dagegen mußte die Regierung das benötigte Material durch die Bürger anfahren lassen; so bezahlte sie im Rechnungsjahr 1787/88 fl. 70078 für Wagenfuhren[3]). Egbertus Bergh hat wahrscheinlich recht, wenn er sich auf den Standpunkt stellt, daß der Gouver-

---

[1]) De Wet und v. Oudtshoorn (Bericht a. d. Pol. Rat. 26. Apr. 1791) führen 15 Posten an, nachdem drei der wichtigsten schon verkauft waren; als Ausgaben für diese Posten werden jährlich fl. 67829,13 berechnet. Es ist aber ersichtlich aus der Rechnungsweise, daß die Kosten wahrscheinlich viel höher waren.

[2]) Kapreg. a. d. Indische Reg., 5. Januar 1785; a. d. Siebzehn, 1. Mai 1786 und 22. Mai 1789.

[3]) Falck, Craayvanger en Scholten, Mem. van Consideratien.

neur und der Sekundus die Wagenführer und Ochsen meist im eigenen Dienst verwendeten[1]).

Auf diesen Außenposten wurden auch viele Kompaniesklaven beschäftigt, und mit diesen Sklaven sprang man genau so um wie mit den Außenposten selbst. 1777 hatte die Regierung ungefähr 600 Sklaven, 1789 waren es schon 942 geworden[2]); ihr Lebensunterhalt allein kostete in den Jahren 1785 bis 1791 durchschnittlich fl. 48111 pro Jahr; hierzu kamen noch die weiteren Ausgaben für Behausung, Beaufsichtigung und Unterweisung[3]). Dennoch mußten für die Arbeit der Kompanie häufig Sklaven von Bürgern gemietet werden! Im Jahre 1787/88 wurden z. B. hierfür fl. 67144,16 verausgabt[4]). Ein Teil der Regierungssklaven war entweder zu jung oder zu alt zur Arbeit, und von den übrigen waren mehr als 150 in den Gärten und auf den Außenstationen der Kompanie. 1789 waren z. B. allein im »'tRondeboschje« 47 Sklaven beschäftigt, während ein andrer Teil sich im Privatdienst des Gouverneurs und andrer hoher Beamter befand[5]).

So kam es, daß sowohl die vielen Außenposten wie auch der große Sklavenapparat, beides Früchte der verhängnisvollen Sucht der Kompanie, niemand neben sich zu dulden, hauptsächlich dazu dienten, den Beamten höhere Einkünfte zu verschaffen, während sie ihren eigentlichen Zweck ganz verfehlten. Sie kosteten der Kompanie viel und brachten wenig ein; von einer positiven Arbeitsleistung konnte nicht die Rede sein.

In gewissem Sinne kann man diese Außenstationen und die Sklavenschar als Zweigentwicklungen ansehen der drei zentralen Hauptkörper dieser Erfrischungsstationen; nämlich der Kellereien, der Vorratsspeicher und der Packräume. An der Spitze jedes stand immer ein Mitglied des Politischen Rates; kennzeichnend für den Geist, der das ganze System durchsetzte, ist es eben, daß die höchsten Beamten am Kap, Mitglieder des gesetzgebenden und ausführenden Rates, in erster Linie Direktoren der verschiedenen Warenlager der Handelsgesellschaft waren. Die Besprechung dieser Verwaltungskörper führt uns dann gleich zur Untersuchung über die Stellung der Beamten im Dienste der Kompanie.

---

[1]) Memorie 112.

[2]) Falck, Craayvanger en Scholten, Mem. Consid. Bericht der Militärkommission.

[3]) Vgl. die jährlichen Angaben der Kapreg. über die Ausgaben.

[4]) Falck, Craayvanger en Scholten, Mem. v. Consideratien.

[5]) Bericht der Militärkomm.; Bericht d. Prüfungskomm. in Angelegenheit v. d. Graaff; E. Bergh, Mem. 111; P. R. Res. 15. März 1791.

Schon früher ist darauf hingewiesen, daß die Kompanie in der Verwaltung des Kaps noch immer an dem auf eine Erfrischungsstation zugeschnittenen System festhielt, auch als die Verhältnisse ganz andere geworden waren, an einem System des allereinseitigsten Monopols. Natürlich mußte die Kompanie dafür sorgen, daß alle ihre in Kapstadt anlegenden Schiffe unter allen Umständen mit allem versehen wurden, was sie benötigten. Dazu wäre es aber kaum nötig gewesen, ein ganz besonderes Angestelltenverhältnis einzuführen, wie die Kompanie das tat.

In allem sollten die Beamten von der Kompanie abhängig sein; außer ihrem Gehalt hatten sie freie Wohnung und eine Reihe von Bedarfsartikeln, besonders solcher, die nicht am Kap gewonnen wurden, zu beanspruchen[1]. Die Austeilung dieser Artikel war durchaus im Sinne ihrer Verfassung, denn sie duldete keinen Kaufmann am Kap und war somit der einzige Importeur[2]. Es wäre also dem Beamten unmöglich gewesen, diese Waren ohne Mitwirkung der Kompanie überhaupt zu erhalten. Dasselbe galt aber keineswegs von den dort gewonnenen Produkten, die trotzdem den größten Teil der Rationen bildeten; während die höheren Beamten verschiedene Sorten von europäischen und indischen Erzeugnissen erhielten (sogar Butter aus den Niederlanden), bestanden die Rationen der meisten Kompaniediener fast ausschließlich aus Kapprodukten[3]. Andere nötige Bedarfsartikel, die nicht zur Ration gehörten, konnten die Angestellten aus dem Warenlager der Kompanie zu kaufen bekommen[4].

Nun war das ohne Zweifel eine sehr verständige Einrichtung zu jener Zeit, als van Riebeck mit seiner Handvoll Leute sich im Fort gegen wilde Tiere und Barbaren verschanzte, im Kap von 1785 bis 1795 lagen die Verhältnisse dagegen ganz anders, und es wurde ein schwerfälliger Verwaltungsapparat nötig, um die große Zahl der Kompaniediener mit den verschiedenen Bedarfs. artikeln zu versorgen.

Seit der ersten Schenkung von Grundbesitz an freie Bürger waren diese zur Lieferung von Wein und Branntwein an die Kompanie gegen eine von dieser festgesetzten Bezahlung verpflichtet. Hiervon mußte die Kompanie später immer ganz be-

---

[1]) Bericht der K.-Kommission zur Prüfung der Finanzen. 24. Juni 1791.

[2]) In der Theorie wenigstens; wie es in Wirklichkeit war, werden wir später sehen.

[3]) KKGG. 664; Bericht von W. v. R. v. Oudtshoorn a. den P. R. 21. März 1792; P. R. Res. 27. März 1792.

[4]) Vgl. den Bericht der Militärkommission.

deutende Vorräte in ihren Kellern haben, um den eigenen täglichen Bedarf und den der Schiffe zu decken. Noch umfangreicher waren die Vorratsspeicher, in denen alle möglichen Lebensmittel, eingeführte und selbstproduzierte, lagerten.

Hier mußten die Bauern ihr Getreide unter denselben Bedingungen abliefern wie ihren Wein, aber außerdem mußten Gemüse und Hülsenfrüchte immer reichlich vorhanden sein, eigentlich aus den Gärten der Kompanie; aber da diese für die Kompanie so gut wie nichts lieferten, mußte auch hier alles von den Bürgern gekauft werden. Dasselbe war der Fall mit getrockneten Früchten, Butter und Talg; nur für Tran sorgte die Kompanie selbst durch ihren Seehundfang auf Robbeneiland. Zum Vorratsspeicher gehörte auch die Brotbäckerei der Kompanie, während die Fleischversorgung kontraktlich mit gewissen Schlächtereien geregelt war[1]). Alle anderen eingeführten Güter lagerten im Packhaus, in einem Gebäude, worin Bau und Schiffsmaterial zur Deckung des jeweiligen Bedarfs aufgespeichert lag. Zu diesem gehörte das Kaufhaus, welches das alleinige Recht hatte, mit importierten Waren Handel zu treiben. Jährlich wurden vom Kap, wie auch von Indien, Listen an die Kompanie geschickt mit Bestellungen, nicht nur für den Eigenbedarf der Kompanie an Ort und Stelle, sondern auch für den Handel mit der Bevölkerung. Auch aus Indien ging jährlich ein Vorratsschiff ab, das ausschließlich für die Kapkolonie bestimmt war[2]).

Die von der Kompanie angewandte Rechnungsführung machte eine Einzelberechnung der verschiedenen Ausgaberubriken unmöglich; aber schon die Summe, welche jährlich für die den Kompaniedienern zustehenden Rationen verausgabt wurde, zeigt uns, welchen kolossalen Umfang die ganze Verwaltung gehabt haben muß. In den zehn Rechnungsjahren 1784/85 bis 1793/94 betrug sie fl. 1561507 trotz der beträchtlichen Einschränkung nach 1790, in einem einzigen Jahr, 1786/87, belief sie sich sogar auf fl. 204717,4[3]). Für dieselben 10 Jahre stellten die Schiffskosten, einschließlich der am Kap stationierten

---

[1]) Vgl. KKGG. 636 ff., E. Bergh., Memorie 82 ff.

[2]) Staat 71. E. Bergh, Memorie 83 ff. Siebzehn an die Kapreg. 2. Okt. 1790. Die jährlichen Bestellungen der Kapreg. waren mir nicht zugänglich, sie sind mir nur aus den Resolutionen des P. R. bekannt.

[3]) Vgl. Jahresbericht der Kapreg. über die Lasten. Diese Summen deckten nur einen Teil der Ausgaben für Angestelltenrationen, das übrige wurde als »Onkosten Ordinair« verrechnet zusammen mit den Bureaukosten der verschiedenen Abteilungen. (Bericht der Kap.-Kom. zur Prüfung der Lasten. 24. Juni 1791.)

Schiffe, sich nicht viel höher, nämlich auf fl. 1941986,3[1]), woraus ohne weiteres ersichtlich ist, wie umfangreich das Arbeitsgebiet dieser drei Versorgungsanstalten gewesen sein muß, und wieviele weitere Beamte eingestellt werden mußten, um den Zuteilungsdienst zu versehen.

Ganz besonders in diesen letzten Jahren wuchs die Zahl der Angestellten immer mehr; so belief sie sich 1784, ohne die in den Hospitalbüchern angeführten Patienten, auf 1277, wozu noch 530 Mann ständige Garnisonbesatzung kommen; 1790 sind diese Zahlen schon auf 1542 und 1059 gestiegen[2]).

Bei der überaus komplizierten Verwaltung so vieler und so verschiedenartiger Handelsartikel wurde es den Beamten nicht schwer, sich auf Kosten der Kompanie zu bereichern; Veranlassung dazu gab hier wie überall das verfehlte Besoldungssystem der Kompanie. Die Gehälter waren über die Maßen dürftig, selbst der Gouverneur bezog jährlich nur ein Gehalt von fl. 2400[3]); d. h. in Wirklichkeit war die Summe noch kleiner, denn in den Gehältern, welche die Kompanie am Kap zahlte, berechnet sie den Gulden sowieso schon zu 15 Stuivers statt zu 20[4]). Der gewöhnliche Arbeiter im Dienst der Kompanie hatte es also recht schlecht bei seinem minimalen Gehalt, da er nicht wie die höheren Beamten reichlich Gelegenheit fand, es durch Betrug aufzubessern.

Die höheren Beamten durften sich ihr Gehalt zum Teil in den Niederlanden auszahlen lassen; von dieser Erlaubnis machten sie so eifrig Gebrauch, daß z. B. im Rechnungsjahr 1786/87 gegenüber fl. 195877,78 am Kap, fl. 148747,11 in den Niederlanden an Beamtengehältern ausgezahlt wurden[5]). Aber da auch dann noch die Gehälter unzureichend blieben, so kam allmählich der Brauch auf, daß die hohen Beamten sich das Fehlende auf andere Weise verschaffen durften. Wir haben schon gesehen, daß beispielsweise der Gouverneur außer anderen Vorrechten auch das Recht hatte, einige Außenposten für eigenen Gebrauch zu bewirtschaften. In ähnlicher Weise zogen er und der Sekundus großen Gewinn aus den Weinlieferungen: der Preis pro Legger

---

[1]) Vgl. Jahresberichte der Kapreg. über die Lasten.

[2]) Kapreg. an die Indische Reg. 5. Jan. 1785 und Kapreg. an die Siebzehn 25. Okt. 1791.

[3]) v. d. Graaff a. d. Siebzehn. 20 Aug. 1796.

[4]) Bericht der Kapkomm. zur Prüfung der Lasten 1791, Bericht der Militärkommission.

[5]) P. R. Res. 4. April 1788 und Falck, Craayvanger en Scholzten, Memorie van Ondersoek.

war auf 40 Reichstaler festgesetzt[1]), der Lieferant unterschrieb auch eine Quittung für diesen Betrag, erhielt jedoch wirklich nur 27 Reichstaler; von den übrigen 13 galten 3 als Steuer und 10 fielen dem Gouverneur und Sekundus zu im Verhältnis von 2 : 1[2]). Auf dieselbe Weise besserten auch die übrigen Mitglieder des Politischen Rates ihr Einkommen auf. Der Kassierer erhielt ½ vH aller Gelder, welche die Kompanie für Lieferungen zu zahlen hatte[3]), während Kellermeister, Speicher- und Packhausdirektor einen festgesetzten Prozentsatz der durch ihre Hände gehenden Güter erhielten. Es geschah in dieser Weise, daß die betreffenden Beamten am Ende des Jahres den Politischen Rat formell ersuchten: »te moogen genieten de gewoone jaarlyksche afschryvingen op de goederen door haarlieden gedurende het voorl. jaar zyn verstrekt geworden«; es handelte sich um 10 vH beim Kellermeister; der Speicherdirektor erhielt zwischen 1 und 5 vH bei allen Speisevorräten aus seinem Magazin, und der Packhausmeister wurde mit einem ähnlichen Prozentsatz der Einnahmen für das von ihm gelieferte Material abgefunden.

Auf dieses Gesuch beschloß der Politische Rat regelmäßig, daß »de daarby aangehaalde minderheeden, als niet excedeerende by de . . . Negotieboeken zullen worden afgeschreeven«[4]).

Solche Maßregeln waren nun einmal notwendig, da die Gehälter so minimal waren, daß kein Beamter davon allein leben konnte. Gouverneur-General van Imhoff sprach dies öffentlich aus und versuchte durch Ausbildung dieser Maßnahmen dem anderen Übel vorzubeugen, nämlich dem Betrug seitens der Beamten[5]). Aus diesen Quellen verschafften sich nun die hohen Beamten genügende Einkünfte für den Lebensunterhalt[6]), aber das hielt sie keineswegs davon ab, sich auch aus unrechtmäßigen Quellen zu bereichern, sondern erleichterte ihnen nur den Betrug. Je

---

1) Ein Reichstaler = 48 stuivres.

2) Bericht von v. Imhoff 1743 in »The Rapports of Chavonnes and van Imhoff« 14, Hacker und J. Le Sueur an die Siebzehn. 27. Dez. 1780. (Kaapsche Stukken II. 257/8 263).

3) Bericht von v. Imhoff 75.

4) Ebenda, vgl. auch die jährlichen Resolutionen des P. R. z. B. vom 22. Febr. 1785, 18. März 1788, 6. März 1792. Die Extraeinkünfte des »Fiskaal« spielen eine so bedeutende Rolle in der Entwicklung Im- und Exporthandels, daß sie uns im Kapitel über Handel näher beschäftigen werden.

5) Bericht von v. Imhoff 73—74.

6) Als die Gen.-Komm. später ein neues System einführten, berechneten sie das Einkommen des Speichermeisters allein schon auf Grund seiner Prozente auf R. 4000 pro Jahr.

sparsamer die Beamten mit den ihnen anvertrauten Gütern umgingen, um so weniger fiel für sie selbst ab, während verschwenderische Zuteilung ihnen großen Gewinn brachte; dieses System verlockte den Beamten zu gänzlicher Vernachlässigung der Interressen seiner Kompanie. Von der Pflichtvergessenheit bis zum direkten Betrug war kein großer Schritt. Der Kellermeister z. B. bezahlte, wie schon oben erwähnt, seinen Lieferanten nur 27 Reichstaler pro Legger. Dadurch nun, daß er von allen Lieferungen einen gewissen Prozentsatz erhielt, besaß er später einen ansehnlichen Vorrat von Wein und Branntwein. Diesen verkaufte er unter fiktivem Namen wiederum an die Kompanie, und zwar zum vollen nominellen Preise von 40 Reichstalern für Wein und 60 für Branntwein ohne Abzug der Steuer oder des Anteils für Gouverneur und Sekundus[1]).

Aber erst durch die den Beamten erteilte Erlaubnis, in gewissen Grenzen Kleinhandel zu treiben, wurde dem Betrug Tür und Tor geöffnet[2]); dieser Handel unter der Hand war nichts weniger als klein geblieben, worauf wir später zurückkommen werden. So kam es zu dem ganz unhaltbaren Zustand, daß die Beamten gleichzeitig auf eigene und auf Rechnung der Kompanie Handel trieben. Sie handelten sogar mit den Waren, mit deren Verwaltung sie beauftragt waren, wodurch beide Teile, die Kompanie und die Kolonisten, schwer geschädigt wurden[3]). Nach dem, was wir schon erfahren haben über die unter den Beamten herrschende Korruption, könnten wir uns auch ohne weitere Belege vorstellen, welche Mißbräuche dadurch entstanden. 1779 führten die Bürger Klage gegen den Privathandel der Beamten, und zwar mit solcher Entrüstung, daß die Siebzehn den Beamten am Kap die Weisung zukommen ließen, wenigstens nicht mit solchen Waren Handel zu treiben, die auch im Warenhaus der Kompanie lägen und mit deren Verwaltung man sie betraut habe[4]). Aber solche Weisungen waren den Beamten bloße Papierfetzen; noch die Generalkommissare mußten Klagen der Bauern darüber anhören, daß das Eisen im Warenhaus der Kompanie nicht nur unerschwinglich teuer sondern meistens nicht einmal dort zu haben sei, im Privatgeschäft des Packhausdirektors dagegen wäre es wohl zu haben, aber noch um 50 %

[1]) KKGG. 548 ff.; E. Bergh, Memorie 95 ff.

[2]) Vgl. Verantwortung von W. C. Boers 2. Febr. 1781 (Ka. St. II, 151—161).

[3]) G. D. Campagne, »Bedenkingen over het Bezit van de Kaap de Goede Hoop« (MS. Germ. Folio 885, 110—116V)

[4]) Res. der Siebzehn. 3. Dez. 1783.

teurer als im Kaufhaus der Kompanie[1]). 1796 erklärte der frühere langjährige Resident der Kompanie in Falsbai selber in einer Bittschrift an die Englische Regierung, daß er nach altem Brauch und mit Genehmigung der Regierung dort ein Privatgeschäft geführt habe bis zur Übergabe an die Engländer; hauptsächlich habe er mit Schiffsmaterial für fremde Schiffe gehandelt. Sodann berichtet er, daß seine Waren tatsächlich im selben Packhaus lagerten wie das Schiffsmaterial der Kompanie.

In solcher Weise verschafften sich die hohen Beamten ein fettes Gehalt, ohne daß jemand genau gewußt hätte, wie groß es wirklich war. In jenen letzten Tagen des verzweiflungsvollen Kampfes gegen den drohenden Untergang versuchten die Herren Siebzehn einen Teil dieser hohen Einkünfte durch eine Steuer zurückzugewinnen. Aber das taten sie wiederum in einer Weise, die ein grelles Licht wirft auf das ganze ungesunde Verwaltungssystem der Kompanie. 1791 erließ die Kammer der Siebzehn den Befehl, daß auf sämtlichen Stationen der Kompanie alle neu eingestellten Beamten vier Jahre lang, alle anderen wenigstens zwei Jahre lang den vierten Teil ihres jährlichen Einkommens als »Ambtgeld« an die Kompanie zu zahlen hätten[2]). Am Kap wurde die Zahlung in folgender merkwürdiger Weise entrichtet: Im Ratssaal wurde hinter einer spanischen Wand eine geschlossene Kiste mit Schlitzöffnung aufgestellt; die hohen Beamten legten vor dem Regierungshaupt einer nach dem anderen den Eid ab, daß sie die richtige Geldsumme hineinwerfen würden, worauf sie ihren Beitrag hineinwarfen, ohne daß jemand es kontrollierte. Danach wurde die Kiste geöffnet, und die Gesamtsumme im Beisein des Politischen Rates gezählt[3]). Warum diese eigenartige Weise der Rückerstattung gewählt wurde, wird nirgends gemeldet; war das Einkommen eines jeden Beamten festgesetzt, so war die Prozedur sinnlos, war es nicht festgesetzt, so wurde hier den Beamten nur erneut die Gelegenheit zur Geldunterschlagung geboten[4]), ohne daß der eine von dem anderen erfuhr, in welchem Maße er die Kompanie betröge. So war denn das ganze Verwaltungswesen der Kompanie mit allen seinen Unterabteilungen ein ideales Arbeitsfeld für denjenigen Beamten, dessen Hauptziel es war, sich selbst auf Kosten seiner Arbeitgeber zu bereichern.

---

[1]) Memorie der Kolonisten, in Stellenbosch den Gen.-Komm. überreicht. (KKGG. Beilage 388.)

[2]) Siebzehn an Gouverneur-General und Rat in Indien. 4. Jan. 1791.

[3]) Vgl. P. R. Res. 4. März 1794.

[4]) Was nach E. Bergh auch dauernd geschah (a. a. O. 97—98).

IV. Kapitel.

Der Handel am Kap.

Im vorigen Kapitel wurde darauf hingewiesen, daß die Kompanie sich in allen Geschäftszweigen das Monopol vorbehalten hatte; weder Ein- noch Ausfuhr waren erlaubt, mit der einzigen Ausnahme, daß auch fremde Schiffe, die in den Hafen einliefen, mit gewissen Lebensmittelsorten versehen werden durften. Zur Versorgung der Kolonisten diente das Warenhaus der Kompanie, aber da die hierauf bezüglichen Akten vernichtet sind, ist es leider unmöglich zu erfahren, wie groß sein Umsatz war. Wohl liegen Berichte vor über den jährlichen Gesamtgewinn, aber unter dieser Berechnung von »Winst en Verlies« wurden einerseits alle Einkünfte der Regierung mit Ausnahme der Steuern angeführt, z. B.: was durch Sklaven, Viehzucht, Baugelände und durch das System der Geldumrechnung, das die Kompanie eingeführt hatte, einkam; andrerseits alle mit denselben Gegenständen verbundenen Ausgaben[1]). Allein schon der Gewinn welchen die Wechsel auf die Niederlande und der am Kap ausgezahlte Sold abwarfen, muß recht ansehnlich gewesen sein[2]). Nun beliefen sich die jährlichen Einkünfte nach der »Winst en Verlies«-Rechnung durchschnittlich auf fl. 87345 während der Jahre 1784 bis 1790, von 1791 bis 1794 auf fl. 123299 jährlich[3]). Der Reingewinn des Warenhauses kann also im besten Falle nur recht geringfügig gewesen sein. Davon müssen jedoch noch in Abzug gebracht werden die Angestelltengehälter und die Instandhaltungskosten für die Gebäude, welche in einer anderen allgemeinen Rechnung mit verrechnet wurden; ein weiterer ganz bedeutender Verlust entstand durch planlose Geschäftsleitung oder planmäßigen Betrug in den Niederlanden, vielleicht durch beide. Oft wurde Handelsware dort zu viel zu hohen Preisen eingekauft, es wurden sogar für dieselben Artikel in ein und demselben Monat, aber von

---

[1]) Komm. zur Prüfung der Finanzen, 24. Juni 1791; Staat, Beilage Lit. U, KKGG. Beilage 295; P. R. Res. 4. April 1788; Theal irrt sich, wenn er (Hist. III. 185) diesen Gewinn ausschließlich als Gewinn des Kaufladens betrachtet.

[2]) In Staat (Beilage Lit. W.) wird behauptet, daß 1789 aus einem Gesamtgewinn von fl. 46471,15 nicht weniger als fl. 43801 hierauf zurückzuführen wären. Demgegenüber steht jedoch die Tatsache fest, daß 1792 der Gewinn, an den indischen Waren allein, fl. 30000 aus einer Gesamtsumme von f. 121274, 16½ betrug. (KKGG. 701 ff. und Kapreg. an Siebzehn 23. Okt. 1794.)

[3]) Vgl. Jahresberichte der Kapreg.

verschiedenen Kammern, Preise gezahlt, die bis zu 60 vH auseinander gingen[1]). Infolge der hohen Einkaufspreise mußten die Waren oft auf den Stationen mit Verlust abgesetzt werden, oder sie blieben liegen und verdarben, was manchmal auch daran lag, daß die zur Versendung gelangenden Artikel so minderwertig waren, daß niemand sie gebrauchen konnte[2]). Anstatt Gewinn zu bringen, brachte der Handel in solcher Ware der Kompanie direkten Verlust, auch wenn man absieht von den schädlichen Folgen fürs Kap und dem indirekten Nachteil, daß ein wachsender Ein- und Ausfuhrhandel nicht vorhanden war. Auch dieses System brachte nur einer gewissen Klasse Vorteil, nämlich den Beamten[3]).

Der Handel des Kompaniewarenhauses am Kap machte jedoch nur einen Bruchteil des dortigen Geschäftslebens aus und beschränkte sich wahrscheinlich im wesentlichen auf Gewürze und außerdem nur auf Waren, die von fremden Schiffen nicht geführt wurden, weil sie zu geringen Gewinn abwarfen, wie z. B. Kohlen und Eisen[4]). Wenn man im Auge behält, daß am Kap keine nennenswerte Industrie und keine Bergwerke vorhanden waren, und daß deshalb alle Bedürfnisse, mit Ausnahme von Lebensmitteln, Seife und Kerzen, aus dem Auslande gedeckt werden mußten, so ist es leicht einzusehen, wie bedeutend die Einfuhr selbst für die kleine Kolonistenbevölkerung und ihre Sklaven gewesen sein muß. Im vorhergehenden war schon vom Privathandel der Beamten die Rede, aber nicht nur sie, sondern fast jeder Bürger Kapstadts war gleichzeitig Händler. So wurde das, was durch Gesetzgebung verboten war, zur Grundbedingung für das Wirtschaftsleben der Kapkolonie. Mentzel[5]) faßt sogar seine Beschreibung der Zustände in Kapstadt in diesem Schlußwort zusammen: »Auf diese Weise kann man wohl sagen, daß ein jeder Einwohner in der Stadt, er sey Bürger, Offiziant, Paßgänger oder Freiwerker, ja selbst einige Soldaten in dem Kasteel, handeln und schachern.«

Auch Gouverneur van Plettenberg und Fiskaal W. C. Boers vertreten gegenüber den Siebzehn den Standpunkt, daß dieser Handel eine so wichtige Rolle im Einkommen der Beamten spiele, daß ein nur auf Beamte gemünztes Handelsverbot diese

---

[1]) Staat I. 69 ff.

[2]) Ebenda 72. KKGG. 572 ff.

[3]) Staat I. 72 ff; H. D. Campagne, Bedenkingen over het bezit van Kaap de Goede Hoop. (M. S. Germ. Fol. 885, 110 ff.)

[4]) Vgl. T. S. Starvorinus, Reize van Zeeland over de Kaap de Goede Hoop en Batavia naar Samarang . . . in 1774—1778. Dl. II. 324.

[5]) Beschreibung des Vorgebirges der Guten Hoffnung I. 478.

sicher zur Aufkündigung ihres Dienstes veranlassen würde, worauf sie ihren Geschäften nach wie vor nachgehen würden[1]). Dieses Urteil wird ihnen von anderen dahin bestätigt, daß die Kapstädter, Beamte und Bürger, sich vorwiegend durch Privathandel ihren Lebensunterhalt verdienten[2]). Im Laufe der Zeit wurde dieser Kleinhandel völlig unentbehrlich, denn die Kompanie schickte nicht mehr genügend Vorräte ans Kap, um den Bedarf der Kolonisten zu decken, und diese waren nun ganz auf den gesetzwidrigen Handel angewiesen[3]). Allerdings war das wohl mehr Ursache als Folge, und die Kompanie führte wahrscheinlich weniger ein, weil die Nachfrage durch den Privathandel ausgeschaltet wurde.

Eine äußerst wichtige Rolle fiel in diesem Handel den Schiffsoffizieren der Kompanie zu; sie wie alle anderen Angestellten der Kompanie erhielten ein Gehalt, das weit unter dem Existenzminimum lag[4]), und es war nur zu erwarten, daß auch sie es auf irgendeine Weise zu ergänzen suchen würden. Dementsprechend galt es als ihr Vorrecht, einige kleine Handelsartikel in sog. erlaubten Kisten zum Verkauf mit sich zu führen. Hiermit war den Schiffsoffizieren ein Freibrief gegeben zum Hintergehen ihrer Vorgesetzten[5]). Viele Kapstädter hatten ihre ständigen Korrespondenten in den Niederlanden, bei denen sie allerlei Waren bestellten, welche dann ohne Mitwissen der Direktoren nach dem Kap eingeschifft wurden[6]); andere gaben ihre Bestellungen für Europa oder Indien bei den Schiffsoffizieren selbst ab; diese führten außerdem noch auf eigene Gefahr oder bei der Rückfahrt im Auftrage von indischen Beamten und Kaufleuten große Vorräte zum Verkauf am Kap mit sich. Hierzu gehörten auch solche Waren, die eigentlich Spezialität der Kompanie waren, wie Gewürze[7]); aber hauptsächlich waren es solche Artikel, die keiner auch nur einigermaßen gründlichen Hafenkontrolle entgehen konnten: große Balken, Fässer mit Arack und sogar Sklaven. In welchen Mengen solche Sachen mitgeführt wurden, zeigen die Listen der unerlaubten Artikel an Bord der acht Schiffe, welche

[1]) Ka. Stukken II. 19 ff., 151 ff.

[2]) Vgl. Kapreg. an die Siebzehn, 28. Jan. 1791; Memorie des Fiskaals van Lynden, 28. Juni 1790 als Anhang des Schreibens der Kapreg. an die Siebzehn, 28. Jan. 1791; de Jong I. 150. ff. Starvorinus, Reize ... in 1768—1771, II. 141.

[3]) Kapreg. an die Gen.-Komm. 26. Sept. 1792.

[4]) Vgl. KKGG. 428 ff.

[5]) Vgl. Kapreg. an die Siebzehn. 28. Jan. 1791.

[6]) Ebenda.

[7]) Vgl. Mentzel, Beschreibung I. 478 ff.

auf dem Rückwege von Indien am Kap durch die Generalkommissare untersucht wurden. Unter anderem werden hier aufgezählt: 7714 Stück Balken und Bretter, 141734 lbs. Reis, 250 lbs. Pfeffer, 75502 lbs. Zucker, 57334 lbs. Kaffeebohnen, 2087 lbs. Tee und 80 Stück Porzellangut. Auf einem anderen Schiff wurden 1793 z. B. sechs Sklaven und eine Sklavin mitgeführt, ein weiteres hatte 1792 elf Sklaven an Bord[1]). Es ist bekannt, daß die Schiffe der Kompanie, die aus dem Osten zurückkehrten, deshalb durchweg zu schwere Ladung hatten und folglich nicht nur langsamer fuhren, sondern auch im Sturm weniger widerstandsfähig waren. Es ist natürlich, daß diese Waren, welche den Besitzern überhaupt keine Fracht kosteten, ob sie nun aus Indien oder aus den Niederlanden kamen, viel billiger verkauft werden konnten, als die Waren der Kompanie, ein weiterer Grund der dafür angeführt werden dürfte, warum das Kaufhaus der Kompanie am Kap sich nicht rentierte.

Auf andere Weise wurde der ebenso wichtige Handel mit den Schiffen fremder Nationen betrieben. Trotzdem die Engländer St. Helena und die Franzosen Mauritius angelegt hatten, blieb Kapstadt auch für sie immer ein äußerst günstig gelegener Erfrischungshafen, was anderseits für die dortigen Bauern und Händler von höchster Bedeutung war. Wir sahen, wie bereits in der Mitte des 18. Jahrhunderts der Wohlstand am Kap zum großen Teil von der Zahl der einlaufenden fremden Schiffe abhängig war. Je größere Ausdehnung die Kolonie gewann, um so notwendiger wurden diese Fremdlinge als Käufer der kapländischen Produkte; die Kapstädter ihrerseits entwickelten eine erstaunliche Fähigkeit darin, den Fremden ganz unverschämt für Unterkunft, Verpflegung und alle Bedarfsartikel zu überfordern. In dieser natürlichen Neigung wurden sie in höchstem Maße durch die Taktik der Kompanie bestärkt, nach welcher die Kolonisten einerseits für ihre Lieferungen an die Regierung verhältnismäßig niedrige Preise bekamen, anderseits aber das Recht hatten, den Fremden irgendwelche Preise abzufordern[2]). In der Blütezeit des Schleichhandels mit indischen Produkten kam es wohl auch vor, daß auch solche am Kap den Ausländern verkauft wurden[3]); im allgemeinen war es aber umgekehrt, denn

---

[1]) KKGG. Beilagen 198—199; vgl. auch E. Bergh, Memorie 80, und O. F. Mentzel, I 497 ff., wo er z. B. davon spricht, daß eine Flotte von 16 Schiffen über 100000 lbs. Tabak mitgeführt habe.

[2]) Vgl. Sluysken aan de Bewindhebberen, 12. April 1795 Kapreg. an die Siebzehn, 1. Juli 1786; de Jong, Reizen I, 153—154.

[3]) Vgl. de Jong, Reizen I, 153.

bei dem Heißhunger der Kolonisten nach eingeführten Waren, besonders in den letzten Jahren, fanden die Fremden hier ein dankbares Absatzgebiet für ihre Waren[1]).

Da nun die Tauschware der Kolonisten hauptsächlich aus umfangreichen Gegenständen, die noch dazu verhältnismäßig billig waren, bestand, ist es selbstverständlich, daß die Schiffsleute, sobald ihr Bedarf für Aufenthalt und Reise gedeckt war, ihre Waren nur noch gegen Bargeld fortgeben konnten. In noch höherem Maße trifft dies für die Seeleute der Kompanie zu, die einen so großzügigen Schleichhandel mit den Kolonisten trieben; folglich mußte durch diesen Handel dauernd das Geld aus dem Lande fließen.

Was tat nun die Kapregierung gegen diesen gesetzwidrigen Handel? Sie tat einfach gar nichts, und zwar aus verschiedenen Gründen. Mit der Zeit war der Absatz ihrer Produkte an fremde Schiffe zur Lebensbedingung der jungen Kolonie geworden, und keine Regierung würde es gewagt haben, ihr diesen Markt für ihre Erzeugnisse zu nehmen; als die Siebzehn 1791 ein Verbot gegen den Handel mit Fremden erließen[2]), beachtete die Kapregierung dieses Verbot einfach nicht und setzte erst im Jahre 1794 ausführlich auseinander, daß es schlechthin verhängnisvoll wäre, diesem Befehle nachzukommen[3]). Der Fremdenverkehr war dem Kap so unentbehrlich geworden, daß die Kapregierung ihn sogar dann zu fördern suchte, wenn der Kompanie direkte Konkurrenz drohte, wie das z. B. mit dem Constantia-Wein der Fall war. Gegen einen niedrig festgesetzten Preis hatte der Eigentümer von Constantia seine ganze Ernte der Kompanie abzuliefern zum Export nach Europa[4]), in der Praxis wurde das nicht ausgeführt, sondern nur an 20 bis 27 Legger wurden an die Kompanie abgeliefert[5]), während das übrige gegen hohe Preise an die Fremden verkauft wurde. Die Regierung konnte hier nicht eingreifen, weil sie wohl wußte, daß die Aussicht auf eine Teilladung von Constantia-Wein ein überaus starkes Lockmittel für die fremden Schiffe[6]) war. Ein weiteres wichtiges Lockmittel

---

[1]) Vgl. Bergh, Memorie 79.

[2]) Kapreg. an die Siebzehn. 17. April 1794. Siebzehn an Kapreg. 22. Dez. 1791.

[3]) Kapreg. an die Siebzehn. 17. April 1794.

[4]) De Jong (Reizen I. 80 ff.) stellt 1792 fest, daß, während der gewöhnliche Preis pro »half aam« 68,6 Reichstaler betrug, die Kompanie weniger als die Hälfte bezahlt habe.

[5]) Vgl. die jährlichen Angaben über Ausfuhr des Kaplandes.

[6]) Vgl. Kapreg. an die Siebzehn, 1. Juli 1786 und 31. Jan. 1789.

war der schon erwähnte unbehinderte Verkauf ihrer eigenen Waren am Kap[1]).

Der ungesetzmäßige Handel der Schiffsoffiziere der Kompanie war ein viel schlimmeres Übel, das nicht nur dem Handel der Kompanie schadete, sondern ihr ganzes Bestehen gefährdete. Darum war die Kammer der Siebzehn auch unermüdlich darin, ihre Zweigverwaltungen zur Unterbindung dieses Handels aufzufordern; die Kapregierung nannte 1792 ein Gesetz der Siebzehn aus dem Jahre 1670 und sieben Briefe im Laufe von 50 Jahren, die gegen den Schleichhandel gerichtet waren, acht durch Gesetz bekannt gegebene Verbote der Indischen Regierung binnen 22 Jahren und 7 Briefe binnen 69 Jahren; auch die Kapregierung selbst erließ wiederholt durch Gesetzgebung Verbote[2]).

Schon die Tatsache, daß das Verbot so oft ausgesprochen werden mußte, zeigt, wie wenig es seinen Zweck erreichte. Wiederum war es die Taktik der Kompanie selbst, die die Ausführung ihrer Befehle gänzlich unmöglich machte. Wie konnte sie auf Erfolg der Maßregeln hoffen, solange die Seeleute auch ferner ihre erlaubten Kisten mit kleinen Verkaufswaren mitführen durften, solange es den Regierungsmitgliedern erlaubt war, auch ferner ihren Handel unter der Hand fortzusetzen! Damit war der Weg geebnet für Betrug und Unterschlagung! Wie konnte man Beamte, die selber in hohem Maße an der Fortdauer des Schleichhandels interessiert waren, mit der Ausrottung beauftragen[3])! Ganz besonders aber war es die Stellung des Fiskaals, die diese Maßregeln zum Scheitern brachte.

Dieser Beamte hatte außer seinem Richteramt auch noch die Aufsicht über den Hafenbetrieb, und in erster Linie war es seine Aufgabe, die von den Siebzehn gegen den Schleichhandel verordneten Maßregeln durchzuführen[4]). Aber sein Jahresgehalt betrug einschließlich aller Zuteilungen nur fl. 1551 und wurde auch durch die an ihn zu zahlenden Geldbußen nicht wesentlich höher[5]). Man mußte also auch diesem Beamten die Möglichkeit

---

[1]) Für die Herren Siebzehn mit ihrer selbstischen Denkart muß es wie ein Schlag ins Gesicht gewesen sein, als sie in v. Plettenbergs Bericht (Ka. Stucken II, 19 ff.) lasen, daß die Fremden erklärt hätten, ihnen sei kein anderer Ort bekannt mit so freier Verfassung und so ausgiebiger Gelegenheit zum Handel wie gerade das Kap.

[2]) Kapreg. an die Gen.-Komm. 26. Sept. 1792.

[3]) Bei der schon erwähnten Untersuchung der acht zurückgerufenen Schiffe wurden auch Waren gefunden, die von hohen Beamten am Kap aus Indien bestellt waren.

[4]) Vgl. Kapreg an die Gen.-Komm. 26. Sept. 1792.

[5]) Vgl. Memorie des Fiskaals van Lynden. 28. Juni 1790.

verschaffen, sein Einkommen aufzubessern; das hoffte van Imhoff 1743 damit zu erreichen, daß er ihm erlaubte, beim Weinverkauf an Fremde pro Legger einen Reichstaler für sich zu verlangen[1]), obschon er wohl wußte, daß schon damals dem Fiskaal seine Haupteinnahmen durch den Handel unter der Hand zuflossen[2]). Allmählich dehnte der Fiskaal seine Weinausfuhrsteuer auch auf andere Gebiete aus, bis die Bürger 1779 heftig dagegen protestierten, und die Siebzehn auf Anraten der Kapregierung die Weinsteuer abschafften und ihm statt dessen das Recht zuerkannten, einzig und allein beim Mehlverkauf an Fremde für je 100 lbs. eine Steuer von 16 Stuivers zu erheben.[3] In der Praxis behielt der Fiskaal jedoch ruhig weiter bei den meisten Verkäufen an Ausländer die Steuer bei, welche ihm selber zugute kam. Eine noch ausgiebigere Einnahmequelle für den Fiskaal ergab die überall erhobene Einfuhrsteuer. Es war sein gewohnheitsmäßiges Recht geworden, daß er bei allen nicht verbotenen Waren, die auf Schiffen der Kompanie durch die Schiffsoffiziere in »erlaubten Kisten« mitgeführt wurden, 5 vH für sich in Anspruch nehmen durfte[4]). Dagegen hatte er die Einfuhr aller solcher Waren, die zum Handelsmonopol der Kompanie gehörten, aufs sorgfältigste zu verhüten.

Wir haben bereits gesehen, wie der »erlaubte« Handel solche Ausdehnung gewonnen hatte, daß er als eine der Hauptlebensbedingungen der Bürger am Kap angesehen wurde. Wie das in Wirklichkeit zuging, wollen wir näher ausführen: Die Kapregierung ließ in dieser Beziehung dem Fiskaal freie Hand[5]); für diesen war es erwünscht, die Einfuhr möglichst zu fördern, um dadurch ein möglichst hohes Einkommen zu erzielen. Er erlaubte also jedem Schiffsoffizier, mit völliger Nichtachtung der Verbote, soviel Güter wie irgend möglich zur Einfuhr mitzubringen, denn wenn es bei den »erlaubten Kisten« geblieben wäre, so wären die Quantitäten nur klein und sein eigener Vorteil kaum nennenswert gewesen[6]). Es blieb also nicht bei den erlaubten Kisten.

---

[1]) Rapports of Chavonnes and van Imhoff, p. 74—75.

[2]) Ebenda.

[3]) v. Plettenberg a. d. Siebzehn, 20 Maart 1781; Res. d. Siebzehn, 3. Dez. 1783; Ka. v. Zeeland a. d. Kapreg. 28. Juli 1785.

[4]) Vgl. Kapreg. an die Gen.-Komm. 7. Sept. 1792; Memorie des Fiskaals v. Lynden, 28. Juni 1790.

[5]) Vgl. Kapreg. an die Gen.-Komm. 26. Sept. 1792.

[6]) Obwohl die Kapreg. den Siebzehn mit frecher Stirn versicherte, daß die Einfuhr aus den Niederlanden die einzige oder doch wichtigste Lebensbedingung der Bürger sei, sie anderseits aber nur erlaubte Waren von Schiffsleuten empfingen. (P. R. Res. 23. Feb. 1787 und Kapreg. an Siebzehn, 28. Jan. 1791.)

Seinem Auftrag gemäß pflegte der Fiskaal in Begleitung einiger Mitglieder des Justizrates die aus dem Osten kommenden Schiffe nach verbotenen Waren zu durchsuchen, aber merkwürdig genug wurde das Ergebnis stets mit den Worten: Keine unerlaubten Waren an Bord! gemeldet[1]). So ist es nicht verwunderlich, daß die Schiffsoffiziere im guten Glauben waren, daß die auf erlaubte Kisten bezüglichen Regulationen am Kap nicht bestünden[2]); wie konnte das auch anders sein, wo nie nach ihnen gehandelt wurde, und selbst hohe Beamte in dieser ungesetzmäßigen Weise sich überseeische Waren kommen ließen. Ihre einzige Sorge war also, wie sie in den Niederlanden oder Indien die Waren unbemerkt an Bord schaffen könnten. So allgemeiner Brauch war das geworden, daß selbst die Generalkommissare, als sie diesem Handel ein Ende machten, fühlten, daß es unrecht sein würde, die Zuwiderhandelnden zu bestrafen, ehe nicht auch in den Niederlanden und in Indien die neuen Verordnungen bekanntgegeben wären[3]).

1790 gerieten endlich diese alten Steuergebräuche in offensichtlichen Widerspruch mit dem Gesetz. 1789 hatten die Siebzehn nämlich auf Antrag der Kapregierung befohlen, daß in Zukunft feste Ein- und Ausfuhrsteuern zugunsten der Kompanie erhoben werden sollten[4]). Dieser Befehl würde bei seinem Inkrafttreten die reichen Einnahmequellen des Fiskaals gänzlich zerstört haben[5]); aber nun war zu jener Zeit der Baron van Lynden van Blitterswyk, der Schwiegervater v. d. Graaffs, als Fiskaal angestellt, und dieser suchte sofort in einer langen Auseinandersetzung zu beweisen, daß er ein durch Tradition geheiligtes Recht auf diese Einkünfte habe, und daß die Siebzehn nicht dazu berechtigt wären, sie ihm ohne weiteres zu nehmen[6]). Darauf beschloß die Regierung, alles beim alten zu belassen, bis die Rückantwort der Siebzehn eingetroffen wäre[7]).

Nach der Abreise van Lyndens trug die Regierung in ihrer fast typisch gewordenen ungenauen Art einfach dem stellvertreten-

---

[1]) Vgl. z. B. Berichte vom 30. April und 13. Mai 1788 und 3. Feb. 1789.

[2]) Vgl. Kapreg. an die Gen.-Komm. 7. Sept. 1792; KKGG. 413 ff.

[3]) KKGG. 417, 423.

[4]) Siebzehn a. d. Kapreg. 3. Dez. 1789.

[5]) Wie groß diese Einkünfte waren, erhellt daraus, daß der Fiskaal selbst erklärte, er habe in einem Jahr R. 21081 an Steuern erhalten, denn es ist nur natürlich, daß er seine Einnahmen möglichst niedrig angab. (Vgl. Siebzehn a. d. Kapreg. 22. Dez. 1791 und 14. Dez. 1792.)

[6]) Mem. des Fiskaals van Lynden, 28. Juni 1790.

[7]) Kapreg. a. d. Siebzehn., 28. Jan. 1791.

den Fiskaal, de Neys, auf, die Steuergelder, die er empfinge, der Kompanie zufließen zu lassen. Sie tat aber nicht das Geringste, um das ganze Zollproblem ordnungsmäßig zu erledigen und die Bürger durch Proklamation von der durch die neue Gesetzgebung eingetretenen Lage in Kenntnis zu setzen[1]). Ferner beschloß die Regierung, ohne den Erlaß der Siebzehn von 1789 zu beachten, dem Fiskaal zu gestatten, die Ausfuhrsteuern für sich selbst zu beanspruchen[2]). Jetzt fingen aber einzelne Bürger an, sich zu weigern, weiter Einfuhrsteuern zu zahlen, weil sie meinten, daß der Fiskaal sie noch immer willkürlich und zum eigenen Vorteil erhöbe, worin sie noch durch die Streitigkeiten innerhalb der Regierung und die fluchtartige Abreise van Lyndens bestärkt wurden[3]). So kam es, daß bei der Ankunft der Generalkommissare am Kap einerseits das Zollwesen in ziemlich verworrenem Zustande war, während anderseits der ungesetzmäßige Handel so blühend war wie nur je[4]).

Zum gesetzlichen Handel gehörte der Verkauf der kolonialen Produkte, der schnellen Aufschwung nahm, als nach 1780 nicht nur das Angestelltenheer, sondern auch die Garnision zahlenmäßig so viel stärker geworden war. Aber die Kompanie liebte nun einmal den freien Handel nicht und wollte anderseits auf die leichteste Art und Weise ihre Einkünfte erhöhen. Folglich litt das Kap, solange die Regierung in den Händen der Kompanie blieb, an einem Pachtsystem, wonach allein gewisse Pächter einen Produktenhandel treiben konnten und sie gezwungen wurden, ihre Waren gegen die Preise abzugeben, welche die Regierung festgesetzt hatte.

Der Großverkauf von Wein stand jedem zu, aber einmal im Jahre wurde das Recht, Kleinverkauf in den verschiedenen Weinsorten zu treiben und Weinstuben einzurichten, auf öffentlicher Versteigerung dem Meistbietenden verpachtet[5]). In gleicher Weise ging es bei der Fleischversorgung zu; wer das Recht erworben hatte, die Kompanie gegen einen sehr niedrigen Preis mit Fleisch und lebenden Tieren zu beliefern, erhielt, solange sein Vertrag gültig war, die Nutznießung sehr ausgedehnter Ländereien, die so groß waren wie 36 Leihfarmen; hier konnte er

---

1) Vgl. Kapreg. a. d. Siebzehn, 28. Jan. 1791.

2) Gen.-Komm. a. d. Kapreg. 21. Nov. 1792.

3) Kapreg. a. d. Siebzehn, 7. Apr. 1792; KKGG. 783 ff.

4) Vgl. KKGG. 406 ff. und 378 ff.

5) Vgl. Kommission zur Führung der Finanzen, 24. Juni 1791; Mentzel I, 420 ff., das eine ausführliche Darstellung der Prozedur bei Verpachtungen enthält.

das von entlegeneren Farmen aufgekaufte Vieh für das Schlachthaus mästen. Von den Bürgern durfte er höhere Preise fordern als von der Kompanie[1]). Ebenso wurde das Alleinverkaufsrecht von Brot und Mehl einigen wenigen Bäckern zugesichert. Allerdings durften die Bauern nur der Kompanie und den Bürgerräten Getreide verkaufen; erst von letzteren erhielten die Bäcker ihren Vorrat[2]).

Wenn man Theal[3]) Glauben schenken soll, so waren die Kolonisten in früheren Zeiten mit diesem System zufrieden gewesen; in den neunziger Jahren waren sie es aber ganz gewiß nicht mehr. Wurde das System streng durchgeführt, so mußte es für den Kolonisten eine drückende Fessel sein; denn dann durfte der Bürger nicht einmal für den Eigengebrauch Mehl von seiner Getreidefarm in die Stadt fahren, sondern mußte sein Getreide dem Bürgerrat verkaufen, um dann seinen eigenen Bedarf wieder beim Bäcker zu decken[4]). Aber bei der wenig genauen Verwaltung am Kap wurde es auch mit der Ausführung der Pachtgesetze nicht so streng genommen. In den Resolutionen des Politischen Rates werden wiederholt Klagen der privilegierten Händler erwähnt, die sich gegen Nichtachtung dieses Gesetzes bei den Kolonisten wenden. Es war also von der größten Bedeutung, besonders nach der Neuordnung der Steuergesetze, daß den Alleinverkäufern auch Fremden gegenüber ihr ausschließliches Recht des Verkaufs gewährleistet wurde. Da sie der Kompanie so billig zu liefern hatten, waren sie gewissermaßen gerade auf diesen Verkauf angewiesen, um überhaupt ein lohnendes Geschäft zu betreiben, denn hier gab es keine festgesetzten Preise. In der Blütezeit des Schleichhandels wurden keine Klagen der Kolonisten hierüber laut, wahrscheinlich, weil sie ihre Produkte bei dem großen Fremdenverkehr und der mangelhaften Ausfuhrkontrolle leicht genug los wurden; desto mehr empfanden sie es nach 1781. Damit das Weinmonopol nicht so drückend empfunden würde, beschlossen die Generalkommissare in Zukunft vier Bürgern das Verkaufsrecht zuzugestehen[5]). Gegenüber den viel dringlicheren Klagen über das Fleischmonopol verschlossen sie jedoch ihre Ohren, und zwar aus naheliegenden Gründen. Sie hatten nämlich die Schlächter dazu bewogen, in Zukunft der Kompanie Schafe und Fleisch

---

[1]) Vgl. Sluysken an die Bewindhebberen, 12. April 1795.

[2]) Ebenda.

[3]) Hist. II, 219.

[4]) Kirsteins, Memorandum on the Condition of the Colony (Theal, Records of the Cape Colony I, 172 ff.).

[5]) KKGG. 805, 815.

noch ein gut Teil billiger zu liefern als bisher[1]), und da ihr Hauptzweck die Herabsetzung der Ausgaben für die Kompanie war, konnten sie unmöglich den Bitten der Kolonisten, das Fleischverkaufsrecht an Fremde freizugeben, nachkommen und dadurch ihren für die Kompanie günstigen Vertrag mit den Schlächtern wieder preisgeben. Anderseits waren die Klagen über die Schlächter durchaus nicht grundlos; diese forderten den Fremden nämlich zwei- bis dreimal so hohe Preise ab wie die in Kapstadt üblichen; dadurch wurde den fremden Schiffen die Verproviantierung am Kap so teuer, daß sie es mehr und mehr vermieden, dort einzulaufen, wodurch wiederum Bürger und Bauern schwer geschädigt wurden[2]). Die Generalkommissare verstanden sich schließlich noch dazu, den Schlächtern, ganz im allgemeinen, Mäßigung zu empfehlen bei ihren Preisforderungen den Fremden gegenüber[3]). Wieviel Erfolg das hatte, erhellt aus einem Brief Sluyskens im Jahre 1795, worin er fast wörtlich die alten Klagen der Kolonisten über die Wucherpreise der Schlächter wiederholt und überzeugend darlegt, daß die Abschaffung des Monopols auch der Kompanie nur dienlich sein könne[4]). In den Niederlanden herrschte jetzt auch ein neuer Geist, und die Direktoren beschlossen sofort die Abschaffung[5]) — — — aber schon war es zu spät, denn drei Wochen, ehe ihr Brief geschrieben wurde, hatte sich das Kap schon den Engländern ergeben.

1791 dehnte die Regierung auf Anregung der Siebzehn hin dieses Verpachtungssystem noch weiter aus, nämlich auf die Salzpfannen in der Nähe von Kapstadt. Bisher hatte jedermann das Recht gehabt, seinen Bedarf kostenlos aus gewissen Pfannen zu decken, während nach den neuen Verordnungen ein Höchstpreis von 3 Reichstalern pro Mud festgesetzt wurde[6]). Diesmal war jedoch der Widerstand der Kolonisten so ernsthaft, daß die Regierung sich bald darauf gezwungen sah, den Preis herabzusetzen und sogar gleiche Preise für beide, Kolonisten und Kompanie, festzusetzen[7]). Selbst damit waren die Kolonisten nicht zufrieden, sondern erhoben bei den Generalkommissaren Klage dagegen, aber hier fanden sie, wie in den meisten Fällen, taube Ohren[8]).

---

[1]) KKGG. 167ff.

[2]) Vgl. Kirsteins, Memorandum 170; Mem. d. Kolonisten in Stellenbosch a. d. Gen.-Komm.

[3]) KKGG. 682.

[4]) Sluysken a. d. Bewindhebberen. 12. April 1795.

[5]) Bewindhebberen an die Kapregierung. 5. Okt. 1795.

[6]) Kapregierung an die Siebzehn. 29. Juli 1791.

[7]) Kapregierung an die Siebzehn. 27. Sept. 1791.

[8]) KKGG. 801ff.

Dieses merkwürdige Handelssystem, unter welchem niemand Handel treiben durfte und doch jeder Kapstädter Geschäftsmann war, und niemand außer der Kompanie Waren einführen durfte, aber gerade der vorteilhafteste Handel mit fremden Waren getrieben wurde, behinderte die gesunde Entwicklung der Kolonie ernstlich. Es fehlte vollständig an einer gesunden Grundlage für die Wirtschaft, trotzdem der Handel so große Ausdehnung gewonnen hatte; mit keinem anderen Land, nicht einmal mit dem Mutterlande, konnten geregelte Handelsbeziehungen angeknüpft werden. Für viele der Waren, die unter der Hand in den Niederlanden bestellt wurden, mußte in bar gezahlt werden, statt daß der natürliche Tauschhandel zustande kam. Es war unmöglich, einen Markt für die kapländischen Produkte zu gewinnen; und statt mit einem regelmäßigen Absatz rechnen zu können, mußten die Bauern auf die zufällige Ankunft eines fremden Schiffes warten, das ihnen Proviant für die Weiterreise abkaufte und vielleicht auch mal ein wenig von ihren Produkten als Handelsgut mitnahm. Der Bauer mußte sich in seiner Landwirtschaft auf das Anbauen jener wenigen Hauptprodukte beschränken, welche die Erfrischungsstation benötigte, schon deshalb, weil er für das andere kein Absatzgebiet hatte. Wirtschaftete er doch etwas heraus, das großen Gewinn versprach, so nahm die Kompanie das Alleinvertriebsrecht für sich in Anspruch, wie es mit dem Constantia-Wein und der Aloe der Fall war. Wenn Aloe auch fremden Schiffen verkauft wurde, so war das doch nur Schleichhandel, dem jeden Augenblick ein Ende gemacht werden konnte. Die Kolonie entwickelte sich deshalb langsamer, weil den Kolonisten nichts daran liegen konnte, lediglich zum Nutzen der Kompanie die Entwicklung zu beschleunigen[1]). Nichts Neues durfte angefangen werden[2]); trotzdem die Walfische an der Küste von Südafrika so zahlreich waren, daß große Scharen europäischer und amerikanischer Walfischfänger die weite Reise nicht scheuten, weil sie eines guten Verdienstes sicher waren, durften die Bewohner dieser Küste trotz ihrer wirtschaftlichen Notlage den Walfischfang nicht ausüben[3]), sondern mußten zusehen, wie Fremde dieses reiche Jagdfeld ausbeuteten.

In der Kolonie selbst stand das Verpachtungssystem einer freien Entwicklung im Wege, die sowieso schon durch den fühl-

---

[1]) Vgl. Kapregierung an die Siebzehn, 25. Okt. 1791; E. Bergh, Memorie 56ff.

[2]) Von einer einheimischen Industrie, die größer gewesen wäre als die Hauswirtschaft, konnte natürlich unter dem Regiment der Kompanie gar nicht die Rede sein.

[3]) Vgl. Kapregierung an die Siebzehn, 22. Mai 1789; de Jong I, 159.

baren Mangel an Verkehrswegen schwer behindert wurde; die natürliche Verbindung zwischen Kapstadt und den fruchtbaren Landstrecken an der Südküste bildete der Seeweg, aber er blieb gesperrt, weil die Kompanie allen Privatleuten die Schiffahrt untersagte. Ein solches System mußte in einer schnell wachsenden fruchtbaren Landbaukolonie schließlich zu einer ernsten Krise führen. Anderseits führte es zu einem eigentümlichen Mangel an Geschäftsleuten und Geschäftssinn in der ganzen Kolonie, denn der »Handel« der Kapstädter war derart, daß man weniger gründliche Geschäftsschulung dazu nötig hatte als vielmehr eine Fertigkeit im Schmuggeln und Spekulieren. Der einzige feste und ehrliche Beruf war der des Bauern, und es ist kein Zufall, daß dieses Volk der «Boere«, das schon zu Ende des Regiments der Kompanie die Eigenschaften und den Charakter angenommen hatte, die ihm später eigentümlich waren, bis auf den heutigen Tag so merkwürdig wenig Anlage und Neigung zeigt für Handel und Industrie.

B. Blütezeit des Einfuhrhandels.

Mit dem Ausbruch des Englischen Krieges erreichte der Einfuhrhandel eine ungeahnte Ausdehnung. Wie verhängnisvoll dieser Krieg auch für die Kompanie gewesen sein mag, für die Kolonisten war er eine wahre Goldgrube, die ihnen eine Zeitlang ganz enormen Gewinn brachte. Wir wissen, daß während der früheren Kriege zwischen Frankreich und England die Ankunft von Kriegsflotten mehrfach die ganze finanzielle Lage am Kap veränderte; aber diesmal waren es keine bloßen Flottenbesuche. Sowie die französische Garnison eintraf, war die Nachfrage nach allen Produkten viel größer, und es setzte eine kurze Periode so üppiger Handelsblüte, aber auch so ausschweifenden Luxuslebens ein, daß man nach der Reaktion den verderblichen Einfluß dieser Zeit auf die altbewährte »Holländische Bravheit« für alles spätere Unheil verantwortlich zu machen pflegte[1]).

Bald nach den französischen Truppen trafen die ersten Söldnertruppen für die Kapkolonie ein, und mit der Ankunft v. d. Graaffs begann jene Verteidigungspolitik am Kap, die, wie wir gesehen haben, in den nächsten sechs Jahren die Ausgaben der Regierung so gewaltig in die Höhe trieb. Die große Garnison, die vielen neuen Kompaniediener, ein Gouverneur, der mit dem Gelde der Kompanie freigebig umging, das alles brachte den Kolonisten eine Zeit des Wohlergehens, wie sie sie noch nie

---

[1]) Vgl. KKGG. 20ff. und de Jong, Reizen I, 149.

gekannt hatten[1]). Man lebte in Kapstadt folglich so verschwenderisch und auf so großem Fuße, daß es bei allen Reisenden einen tiefen Eindruck hinterließ. Die Neigung dazu war wohl schon vorher dagewesen; der scharfe Beobachter A. E. van Braam Houckgeest[2]) sagt, daß man in Kapstadt vergeblich den Charakterzug der Sparsamkeit suchen würde, und führt Gründe dafür an, weshalb es natürlich sei, daß der Kapstädter zum Luxus und Großauftreten neige, wo doch alle seefahrenden Nationen der Welt ihn mit Modeartikeln u. dgl. mehr zu versorgen bemüht wären. Jetzt hatten sie nun die Gelegenheit, dieser Neigung freien Lauf zu lassen. Sie verwandten ihren großen Geldverdienst auf den Bau prächtiger Wohnhäuser[3]), zum Ankauf von festem Besitz und von Sklaven zu viel zu hohen Preisen und zur Einrichtung eines verschwenderischen Wohllebens; da waren die kostbarsten Möbel und die allerneuesten Moden aus Europa zu sehen, die Mahlzeiten waren üppig und man servierte mit Vorliebe europäische Weine; fast jeder besaß Pferde und Wagen, ja wenn möglich ein eingeführtes Pferd; jeder suchte den andern im Luxus zu übertrumpfen[4]). So schlimm war es, daß das Kap sich in dieser Zeit den Spitznamen »Petit Paris« erwarb[5]).

Nur einzelne jedoch konnten dieses Luxusleben wirklich mitmachen, die große Mehrzahl stürzte sich in Schulden, was am Kap überaus leicht war und ganz besonders in diesen Jahren. Die Kolonisten zeigten einen geradezu verbrecherischen Leichtsinn im Ausleihen des Geldes an oder im Gutstehen für andere, auch die niederländischen Händler gewährten ihnen nur zu gerne Kredit. Die Generalkommissare berichten sogar, daß einige Händler auch ohne Auftrag ihren Kunden Ware zuschickten, und daß diese Waren nie zurückgewiesen wurden[6]). Die Folge

---

[1]) Kapregierung an die Siebzehn, 19. April 1786; KKGG. 20; de Jong, Reizen I, 152, 175; A. E. van Braam Houckgeest, Nader Supplement tot de Bedenking omtrend de Cabo de Goede Hoop, 1789.

[2]) Gedagten en Consideratien omtrent eenige opgegevene Vraagpoincten betrekkelyk de Cabo de Goede Hoop en deszelfs Ingezeetenen. 21. Maart 1789. Ohne Namen des Verfassers, aber zweifelsohne von A. E. van Braam Houckgeest.

[3]) De Jong (Reizen I, 139) sagt hierüber: »Het bouwen is hier niet slechts eene liefhebbery, het is eene drift, een dolheid, eene besmettelyke razerny, die meest alle menschen heeft aangestoken.«

[4]) Vgl. de Jong, Reizen I, 116ff., 139ff.; Kapregierung an die Siebzehn, 19. April 1786; Ka. van Amsterdam an die Kapregierung, 23. Dez. 1789; KKGG. 21ff.

[5]) KKGG. 24.

[6]) Ebenda 27.

davon war, daß dieser Staat und diese Pracht auf einer Kette von Schulden beruhte[1]), Schulden untereinander und Schulden bei niederländischen Händlern. Es war ein Zustand, der bei einem Aufhören der Hochkonjunktur unfehlbar zu einer die ganze Kolonie zerrüttenden Krise führen mußte. Diese Reaktion mußte beim verrotteten Finanzwesen am Kap naturnotwendig eintreten. Sie kam denn auch, und zwar so unerwartet und schnell, daß sie die Kolonie wie ein vernichtender Blitzstrahl traf. Und das bewirkte ein einziger Brief!

V. Kapitel.

Die Periode der Sparsamkeit.

Die Kammer der Siebzehn klagte jahrein jahraus über die hohen Ausgaben am Kap, aber nie ergriff sie durchgreifende Maßregeln, um diese zu beschneiden. Wenn man das ganze bisherige Verhalten dieses Körpers als Maßstab nimmt, so muß man annehmen, daß es wohl immer bei Klagen und Ermahnungen geblieben wäre. Aber die Kompanie war nicht mehr ihr eigener Herr; die Staaten von Holland waren durch die erwähnten Vorschüsse Hauptgläubiger der Kompanie geworden und sie sowohl als auch ihre Kommission, welche die Geschäftslage der Kompanie geprüft hatte, drängte zur Sparsamkeit. Daß die Kammer nach 1790 dem Kap gegenüber so viel tatkräftiger auftrat, ist großenteils auf diesen Druck von außen her zurückzuführen[2]). Für Holland war es jedoch eine Geldfrage in allererster Linie, so daß in diesen Jahren die Interessen der Kolonisten, wo sie im Widerspruch zu den Interessen der Kompanie standen, weniger berücksichtigt wurden als je. Und gerade am Kap war es im Interesse der Bürger, daß die Handelsgesetze der Kompanie außer Kraft gesetzt würden, so wie es in ihrem Interesse war, daß die großen Regierungsausgaben, die wohl an der Kompanie zehrten, größtenteils aber in ihre Taschen gelangten, weiter bestünden. Wie unmöglich es für eine ausschließlich auf den Handel zugeschnittene Gesellschaft war, ihrer Aufgabe als Verwalterin einer Landbaukolonie gerecht zu werden, trat nie mit so peinlicher Deutlichkeit zutage wie in den nun kommenden Jahren. In ihrem Versuch, sich vor dem drohenden Bankrott zu retten, mußte die Kompanie nämlich

---

[1]) Vgl. KKGG. 27ff.; de Jong, Reizen I, 148ff.; die Berichte des Auktionators O. G. de Wet in P.R. Res. vom 29. Juni und 31. Juli 1787.

[2]) Vgl. Staat, passim.

ihren Interessen als Handelsgesellschaft viel schärferen Ausdruck verleihen als in den Jahren der Blüte.

Unter dem Druck der Verhältnisse taten die Siebzehn am 2. Oktober 1790 einen Schritt, den die Kompanie nicht vermeiden durfte, der für die Kolonie aber verhängnisvoll war; sie erteilte der Kapregierung in nicht mißzuverstehender Weise den Befehl, eine Reihe von durchgreifenden Sparsamkeitsmaßregeln einzuführen. Der Brief[1]), worin dieser Beschluß der Kapregierung mitgeteilt wurde, wies erst auf die wiederholten, aber immer vergeblichen Klagen der Siebzehn über die Weise, in welcher die Regierung am Kap gehaust habe, hin, nannte dann einige Beispiele von »schandelyke excessen en Wanordens«, ordnete an, daß in gewissen Fällen ganz schlimmer Verwendung ein Teil des Schadens durch die verantwortlichen Beamten ersetzt werden solle, um schließlich folgende Einschränkungsmaßregeln zu befehlen: das Anlegen irgend welcher neuer Gebäude und die Fortsetzung der Befestigungsarbeiten habe sofort aufzuhören, die dort beschäftigten Handwerker seien zu entlassen; nur Instandhaltungsarbeiten seien erlaubt, aber bei umfangreichen Reparaturen sei erst die Erlaubnis der Siebzehn einzuholen. Ferner hätte die Regierung verschiedene große Außenplätze zu verkaufen, zusammen mit dem dazugehörigen Vieh; die Holzversorgung wäre besser zu verpachten, damit das ganze Heer von Holzhackern und Wagentreibern abgebaut werden könne; dadurch würden viele Sklaven überflüssig werden und deren Zahl sollte auf 450 herabgesetzt werden. Auch die Stallungen der Kompanie würden dann unnötig sein und sollten ganz abgeschafft werden. Verschiedene Privilegien der hohen Beamten seien zu kürzen, auch der Gouverneur habe einige seiner Landhäuser und seine berittene Leibwache sowohl als auch die Jäger und Fischer, die in seinem und des Sekundus Dienst ständen, abzuschaffen. In demselben Brief wurden der Regierung einige Fragen vorgelegt, deren Beantwortung innerhalb einer festgesetzten Frist zu erfolgen hatte, unter anderem über die Höhe der Einnahmen des Gouverneurs, über die Steuern am Kap und über die Möglichkeit, auch auf anderen Gebieten Einschränkungsmaßregeln durchzuführen.

So dringend erschien den Siebzehn die Angelegenheit, daß sie schon am Tage vor der Abfassung des obigen Briefes der letzten Söldnertruppe in Kapstadt, dem württembergischen Regiment, schriftlich die Weisung hatten zugehen lassen, sofort nach Batavia aufzubrechen[2]). In dem Brief vom 2. Oktober

[1]) Siebzehn an die Kapregierung. 2. Okt. 1790.

[2]) Siebzehn an die Kapregierung. 1. Okt. 1790.

wurde dieser Befehl wiederholt und verschiedene Maßregeln hinzugefügt, die zur Ersparnis auf militärischem Gebiet führen sollten; so mußte das Depot für die Rekruten der indischen Regimenter abgeschafft werden, ebenso auch das ganze System der Extrazuteilungen, und die Regierung sollte das alte »Paßgänger«-System wieder einführen.

Etwas später führten die Siebzehn eine weitere wichtige Neuerung ein; die Kapregierung wurde beauftragt, den höheren Beamten keine Rationen mehr zuzustellen, sondern ihnen statt dessen eine gleichwertige Summe Geldes auszahlen[1]).

Die Regierung empfing diese wichtige Depesche vom 2. Oktober am 10. Februar 1791, und, obgleich der Gouverneur die Ausführung anfänglich hinzuziehen suchte[2]), bemühten sich doch der Sekundus und die übrigen Mitglieder des Politischen Rates eifrig, den Befehlen nachzukommen. Schon am 9. Mai konnten sie den Siebzehn melden, daß die von den letzteren zum Verkauf bestimmten Außenposten zusammen mit dem Vieh und einer Anzahl Sklaven verkauft seien, und daß eine Kommission aus ihrer Mitte den Nutzen der übrigen Außenposten für die Kompanie untersucht habe. Für die meisten sei das Resultat negativ, und sie befürworteten also deren Abschaffung. Als die Generalkommissare im nächsten Jahre eintrafen, meldete ihnen die Regierung, daß sozusagen alle angeordneten Maßregeln schon durchgeführt seien: die Söldner seien fort, die Bauarbeit sei ganz abgebrochen und nur die Zahl der Sklaven sei noch nicht ganz auf 450 herabgebracht[3]). Wie erfolgreich ihre Bemühungen gewesen waren, geht daraus hervor, daß sich im Rechnungsjahr 1791/92 die Gesamtausgaben auf fl. 758421,78 stellten und somit um fl. 542212,68 niedriger waren als die des Vorjahres[4]).

Die Generalkommissare, S. C. Nederburgh und S. H. Frykenius, trafen am 23. Juni 1792 in Kapstadt ein[5]). Trotzdem die Regierung so eifrig auf das Sparen bedacht gewesen war, wartete ihrer noch eine große Aufgabe. Durch das Stillegen der Bauarbeiten und den Abbau des Dienstpersonals hatte man den Befehlen gemäß viel gespart, aber die vielen Mißstände in den noch bestehenden Einrichtungen waren unangetastet geblieben. Die Generalkommissare hatten den Auftrag bekommen, nicht nur zu untersuchen, ob man den Befehlen der Kompanie

---

[1]) Siebzehn an die Kapregierung. 31. März 1791.
[2]) O. G. de Wet an den Pol. Rat. 5. Mai 1791.
[3]) Kapregierung an die Gen.-Komm. 18. Juli 1792.
[4]) Kapregierung an die Siebzehn. 10. Aug. 1793.
[5]) P. R. Res. 23. Juni 1792.

vom 2. Oktober 1790 nachgekommen wäre, sondern auch das ganze Verwaltungssystem einer eingehenden Prüfung zu unterwerfen, alle Mißstände zu beseitigen, die Ausgaben zu beschneiden und die Einkünfte zu vermehren[1]). Während der 15 Monate ihres Aufenthaltes arbeiteten sie unausgesetzt und scheuten keine Mühe, um ihr Ziel zu erreichen, und wenn man ihr Wirken nur vom Standpunkt der Kompanie aus betrachtet, so wird man zugeben müssen, daß ihre Arbeit gründlich und durchaus erfolgreich war.

Eine ihrer ersten Aufgaben war es, dem für die Kompanie so verhängnisvollen Schleichhandel ein Ende zu machen; es fragt sich zwar, ob man den unerlaubten Handel, den die Schiffsoffiziere der Kompanie ganz öffentlich betrieben, wirklich Schleichhandel nennen kann. Darum sahen die Kommissare auch bald ein, daß es ungerecht sein würde, die schuldigen Offiziere sofort zu bestrafen, da das Verhalten der Kapregierung während der letzten Jahre ihnen allen Anlaß gegeben hatte zum guten Glauben, daß ihr Handel am Kap sehr wohl erlaubt sei. Es waren demgemäß fürs erste nur vorläufige Gegenmaßregeln möglich; sie ersuchten aber sofort die Siebzehn und die Indische Regierung, sämtliche Offiziere vor weiterem gesetzwidrigen Handel am Kap zu warnen, da nach der erneuten Bekanntgebung des Verbotes alle Schmuggelwaren konfisziert und die Zuwiderhandelnden bestraft würden. Inzwischen verhinderten die Kommissare die Ausschiffung irgendwelcher verbotener Waren aus den auf der Rückreise nach Holland begriffenen Schiffen. Sowie ein Schiff eintraf, wurde vom Kapitän eine genaue Angabe aller unerlaubten Güter an Bord seines Schiffes gefordert, und diese mußten der Regierung ausgehändigt werden. Die Angaben konnten natürlich jederzeit durch Untersuchung des Schiffes nachkontrolliert werden. Die Waren wurden sodann durch die Regierung öffentlich verkauft; bei solchen Artikeln, deren Verkauf im Privathandel inzwischen von der Kompanie genehmigt worden war, wurde der Ertrag abzüglich der Frachtkosten den Offizieren zugestellt, aber von jenen Artikeln, die zum Monopol der Kompanie gehörten, wurde ihnen nur der Einkaufspreis zurückerstattet[2]). So wirksam war das Auftreten der Generalkommissare, daß schon die ersten Schiffe, die nach Bekanntmachung ihrer Maßregeln im Osten, von dort nach den Niederlanden segelten, keine unerlaubte Ware an Bord hatten[3]).

Nachdem diesem Übelstand abgeholfen war, fiel es den Kommissaren natürlich nicht schwer, den langen Aufenthalt der

[1]) S. C. Nederburgh, Echte Stukken 135 ff.
[2]) KKGG. 406 ff. und Beilagen.
[3]) Ebenda 425.

Schiffe am Kap, der den Siebzehn schon immer ein Ärgernis gewesen war, abzuschaffen oder, wenn das bei den immer minderwertiger werdenden Schiffen nicht möglich war, ihn doch ganz beträchtlich abzukürzen[1]). Ferner wurde der Regierung verboten, ein Schiff mit kapländischen Produkten nach Indien zu schicken, was bisher einmal im Jahre geschehen war; dies hatten übrigens die Siebzehn schon einmal verboten, aber man hatte dem Verbot bisher noch nicht nachkommen können. In Zukunft sollten Landesprodukte für den Osten nur von den regelmäßig aus den Niederlanden dorthin segelnden Schiffen mitgeführt werden[2]).

Jetzt konnten die Kommissare ihr Augenmerk auf Verwaltungsfragen richten um auch hier aufzuräumen, wozu, wie wir gesehen haben, reichlich Gelegenheit vorhanden war. Die Unehrlichkeit in der Verwaltung des Hospitals wurde an den Pranger gestellt und Maßnahmen getroffen, um solche Mißbräuche für die Zukunft unmöglich zu machen; die Kommissare waren sogar so hoffnungsvoll, daß sie hier einen Überschuß für die nächsten Jahre erwarteten[3]). Viel durchgreifender waren ihre Maßregeln in bezug auf Kellereien und Vorratsspeicher, welche bisher große Summen verschlungen hatten. Eine Untersuchung ergab, daß die Kompanie, einschließlich der Unkosten, für den Legger Wein 15,10 Reichstaler, für den Legger Branntwein 71 Reichstaler bezahlen mußte, während der von den Kolonisten gezahlte Preis sich viel niedriger stellte als der Einkaufspreis der Kompanie, der 40 bzw. 60 Reichstaler betrug[4]). Darauf sahen sich die Kommissare genötigt, in dieser Hinsicht das ganze alte System der Erfrischungsstation über Bord zu werfen und die Wein- und Branntweinlieferungen einigen kontraktlich gebundenen Kolonisten zu übertragen; es gelang ihnen, Angebote zu erhalten zu 28 bzw. 58½ Reichstaler pro Legger[5]). Dieser gute Anfang veranlaßte sie dazu, das alte System weiter abzubauen; auch die unteren Beamten empfingen ihren Lohn jetzt nicht mehr teilweise in Rationen, sondern ausschließlich in Bargeld; die Versorgung der Schiffe mit getrockneten Früchten, Fischen und Butter wurde ebenfalls verpachtet. Die Selbstversorgung der Kompanie mit Tran und Gemüse wurde selbst dem Namen nach nicht mehr aufrecht erhalten, sondern durch Pachtvertrag ebenso

---

1) Ebenda 581 ff.

2) Ebenda 601 ff.

3) Ebenda 615 ff., 633.

4) Wovon übrigens, wie wir wissen, der Lieferant nur 27 bzw. 50 Rds empfing.

5) KKGG. 634 ff.

wie die Brotbäckerei an gewisse Bürger vergeben. Durch diese Maßnahmen und dadurch, daß es nun nicht mehr nötig war, allerhand Proviant aus den Niederlanden und Indien für die Rationen herbeizuschaffen, schmolz die Administration der Vorratsspeicher so sehr zusammen, daß es möglich war, sie mit der des Packhauses zu vereinigen. Auf solche Weise bezog die Regierung nicht nur alles billiger direkt vom Produzenten, sondern sparte auch noch die großen Unkosten, welche aus der ausgedehnten Verwaltung erwuchsen[1]).

Dieses war jedoch nur die eine Seite der Aufgabe, welche die Generalkommissare übernommen hatten, denn sie sollten nicht nur die Ausgaben herunterdrücken, sondern auch die Einnahmen erhöhen. Im Laufe unserer weiteren Betrachtung werden wir sehen, daß die Kompanie aufhörte, irgendwelche Handelsware, die nicht zu ihrem Spezialgebiet gehörte, nach dem Kap zu verschiffen, und es blieb deshalb nur eine Möglichkeit, die Einkünfte zu erhöhen, nämlich Reform der bestehenden und Einführung neuer Steuern.

VI. Kapitel.

Das Steuerwesen.

Obgleich die Ausgaben der Kapregierung zum weitaus größten Teil im Interesse des dortigen Erfrischungshafens gemacht wurden, hatte die Kompanie schon immer darauf hingearbeitet, diese soweit wie irgend möglich durch Steuern zu decken; Steuerzahler waren auch die Pächter, aber in der Hauptsache traf das System direkt die Landwirtschaft. Von alters her war es üblich, den Boden zu besteuern, den Zehnten vom Getreide einzufordern und eine Weinsteuer zu erheben; bei Verkauf von unbeweglichem Besitz fiel die »Heere Gerechtigheid«, ein gewisser Prozentsatz des Preises, der Regierung zu, und in einer Reihe von Fällen wurden Transaktionen erst durch Stempelmarken rechtsgültig[2]). Wiewohl nun die Kolonie in den achtziger Jahren dauernd an Ausdehnung zunahm und die Verwaltungskosten wuchsen, blieben die Steuereinnahmen sozusagen die gleichen[3]). Hierfür lassen

---

[1]) Ebenda 656 ff. und Beilagen.

[2]) Kapkommission zur Prüfung der Finanzen. 24. Juni 1791. Der ansehnliche Betrag der Ein- und Ausfuhrsteuern kam, wie wir gesehen haben, dem Fiskaal zugute; gesetzlich bestanden diese Steuern zum größten Teil überhaupt nicht.

[3]) Vgl. Pol. R. Res. 30. Mai 1792 und die jährlichen Berichte der Regierung.

sich im wesentlichen zwei Gründe anführen: Einmal die in hohem Grade unzweckmäßige und ungenaue Art der Einforderung der Steuern, und dann das hartnäckige Widerstreben der Kolonisten, die auf jede Weise bemüht waren, die Steuergesetze zu umgehen. Das war auch nicht weiter verwunderlich, denn die Bauern hatten allgemein das Empfinden, daß die eingezahlten Gelder lediglich dazu dienten, die Taschen der gewissenlosen Beamten zu füllen.

Die »Heere Gerechtigheid« und das Stempelgeld waren verhältnismäßig leicht einzufordern, aber Bodensteuer und Produktionsgütersteuer wurden mit der Zeit so schlecht bezahlt, daß sogar die Kapregierung sich genötigt gesehen hatte zu versuchen, wenigstens in einem Punkte dem Übelstand abzuhelfen.

Die große Mehrzahl der Bauern war mit ihren Farmen von der Kompanie belehnt worden, so daß wir hier die ganz geringe Steuer für eigenen Boden und Erbpachtboden außer acht lassen können[1]). Jeder Bürger, der eine Viehweidefarm haben wollte, mußte sich ein unbesetztes Stück Land aussuchen und sich dieses von der Regierung erbitten. Wurde es ihm geschenkt, so hatte er erst 24½ Reichstaler zu zahlen, wovon ein halber Reichstaler die Spesen decken sollte und das übrige als Belehnungssteuer galt; hierauf erhielt er eine Quittung, »Ordonnantie« genannt, die ihm das bewußte Grundstück auf ein Jahr zusicherte. Der jährlich zu entrichtenden Belehnungssteuer mußte jedesmal eine Eingabe um Verlängerung des Termins beigegeben werden[2]). Die jeweilig ausgefertigte »Ordonnantie« wurde in die sog. Wildschützenbücher eingetragen, welche, nach Goetz, ursprünglich, als die Einwohnerzahl am Kap noch ganz klein war, als Nachweis der den Bürgern ausgestellten Jagdscheine gedacht waren, woraus der Name sich natürlich erklärt[3]). Diese ganz unzureichenden Bücher mußten nun, fast anderthalb Jahrhundert lang, auch als Verwaltungsbücher für das ausgedehnte Leihfarmsystem dienen. Folglich waren sie im Jahre 1792 auf 30 Bände von je 300 Folioseiten angewachsen[4])! Hätte man nun wenigstens die Regel streng durchgeführt, daß Neubelehnung nur auf die Steuerzahlung hin erfolgen dürfe, und hätte die Regierung bei Nichtzahlung die Farmen wieder eingezogen, wie es ihr Recht war,

---

[1]) 1781 bis 1791 brachten die Leihfarmen fl. 513412,12 auf, die übrigen Farmen nur fl. 24951,6. (Vgl. Pol. R. Res. 30. Mai 1792.)

[2]) Memorandum des ersten Sekretärs Goetz. 11. Dez. 1792. (In KKGG., Beilage 357.)

[3]) Ebenda.

[4]) Kapregierung an die Siebzehn. 17. Februar 1792.

dann ist es nicht undenkbar, daß die Bücher eine gewisse Übersicht und Kontrolle der fälligen Steuern gewährt hätten. Das war jedoch unter den gegebenen Umständen ganz ausgeschlossen; die Farmen lagen vielfach so weit entfernt von Kapstadt, und die Lebensführung der Eigentümer war derart, daß die meisten gar nicht jedes Jahr nach Kapstadt kommen konnten[1]), wo allein die »Ordonnantien« erhältlich waren. Anderseits hatte die Regierung von Anfang an, außer in ganz außergewöhnlichen Fällen, ihr Recht, Lehnfarmen wieder einzuziehen, nie geltend gemacht; hierzu fehlte es ihr übrigens wohl später an Autorität, da ihr Arm die immer selbständiger werdenden Viehbauern doch nicht erreichen konnte. Sich an den Wortlaut des Gesetzes zu halten, war demnach unmöglich; hatte man aber erst einmal den Bauern erlaubt, in ihren Zahlungen rückständig zu bleiben, so war natürlich eine endlose Verwirrung unvermeidlich. Wohl ließ die Regierung von Zeit zu Zeit die Bücher nachprüfen und die Namen der Rückständigen den zuständigen Landdrosten zuschicken, damit er die Schuldner mahne[2]); aber erstens war die Revision, wie wir gleich sehen werden, recht oberflächlich, und zweitens verursachten die Mahnungen der Regierung den Kolonisten keine Kopfschmerzen. Die Wirkung war dementsprechend eine minimale, besonders da die Regierung nie jemand wegen Hinterziehung der Belehnungssteuer gerichtlich verfolgen ließ. Die natürliche Folge dieser Zustände war, daß auch jene Bauern, die sehr wohl Kapstadt erreichen und das nötige Geld recht gut entbehren konnten, ja sogar wohlhabende Leute keine Belehnungssteuer bezahlten und keine Eingaben um Weiterbelehnung einreichten[3]).

Um das Maß voll zu machen, wurden die schon so wenig geeigneten Bücher in gewissenlosester Weise geführt. Es kam vor, daß Bauern Beamte oder Städter baten, das Geld für sie einzuzahlen, und daß diese das erst Monate später besorgten; in den Büchern waren Fälle zu verzeichnen, wo das Datum der Quittung durchaus nicht mit dem der dafür geleisteten Zahlung übereinstimmte, oder auch Fälle, wo die Abschrift der Quittung eingetragen war, ohne daß eine entsprechende Zahlung gebucht gewesen wäre[4]). Eine wirkliche Kontrolle fehlte gänzlich; so entdeckte

---

[1]) Ebenda; vgl. auch die Reisebeschreibungen von Thunberg, de Jong und anderen.

[2]) Vgl. Pol. R. Res. 5. Aug. 1785 und 30. Dez. 1788.

[3]) Mem. von Goetz; Memorandum des Rechnungsführers O. G. de Wet. 22. Juli 1793 (in Pol. R. Res. 23. Juli 1793).

[4]) Vgl. Pol. R. Res. 4. April und 24. Juni 1788.

die Regierung 1788 zufällig, daß der damals gerade zurückgetretene Chef dieser Abteilung, Horak, Geld unterschlagen habe. Man ging darauf der Sache weiter nach und fand, daß Horak und andere mit ihm während der zehn Jahre seines Regiments allein an Belehnungssteuern, soweit sich das überhaupt nachrechnen ließ, 20650 Reichstaler unterschlagen hatten[1]).

In diesen Jahren war denn auch solch ein Wirrwarr in den Wildschützenbüchern, daß sie keineswegs mehr ein getreues Bild der Zustände boten; aber obgleich der Fall Horak der Regierung die Unzweckmäßigkeit der ganzen Einrichtung ad oculos demonstriert hatte, und obgleich die Untersuchungskommission eine Bücherreform forderte, geschah doch nichts, um diese in die Wege zu leiten. Erst die Generalkommissare konnten sie dazu bewegen, der Sache näherzutreten, und nun mußten sowohl der erste Sekretär, Goetz, wie auch der Rechnungsführer der Regierung, de Wet, bekennen, daß es jahrelange Arbeit erfordern würde, Ordnung in dem Wirrsal zu schaffen. In den Büchern wurden nämlich nicht nur falsche und unverständliche Posten gefunden, sondern auch längst verstorbene Bauern als Bewohner von Leihfarmen weitergeführt, ebenso andere, von denen es bekannt war, daß sie längst die Farmen verlassen hätten, und weitere, von denen man nicht wußte, ob sie noch lebten und ihre Farmen weiter bewirtschafteten. Farmen waren darin genannt, von denen die Beamten nicht einmal wußten in welchem Bezirk sie gelegen waren, andere, die zwar noch bewohnt waren, für die aber seit 40 Jahren keine Steuern erlegt waren[2]). 1792 wurde die Zahl der Leihfarmen auf 2331 berechnet, von denen 372 verlassen waren; es hätten also jährlich für die bewohnten Farmen 47016 Reichstaler an Steuern einkommen müssen; die rückständigen Steuern wurden auf etwa 375000 Reichstaler berechnet[3]). In Wirklichkeit aber wurden im Rechnungsjahr 1791/92 nur 11900 Reichstaler an Belehnungssteuern eingenommen[4]).

---

[1]) Ebenda; vgl. auch E. Bergh, Memorie 90ff

[2]) Goetz, Memorie; de Wet, Memorie.

[3]) Ebenda.

[4]) Pol. R. Res. 31. März 1794; Goetz, Memorie; de Wet, Memorie. Einen Einblick in die herrschenden Zustände gewährt uns folgende kleine Geschichte: 1793 ersuchte die Regierung den Landdrost von Stellenbosch, ihr mitzuteilen, wann der kürzlich verstorbene B. Olivier die Farm verlassen habe, mit der er 1763 belehnt sei; der Landdrost beauftragte den Flurwächter des betreffenden Gaues mit der Untersuchung; dieser wußte selber nichts, aber meldete, daß einige Bauern ihm versichert hätten, daß sie die bewußte Farm vor 20 Jahren auf der

In diesem Chaos mußte nun Ordnung geschaffen werden. Goetz schlug in seinem Referat ein neues System der Buchführung vor und auch Methoden, welche anzuwenden wären, um in Erfahrung zu bringen, wie hoch die Schulden wären und wieviel man davon wohl noch eintreiben könne. Trotzdem einige der Maßregeln unausführbar waren, gelang es doch de Wet schon im nächsten Jahre, eine provisorische Einteilung der Schulden in verschiedene Klassen durchzuführen. Daneben aber wurde von dem Generalkommissar sämtlichen Bauern durch Proklamation befohlen, ihre Belehnungssteuer regelmäßig zu bezahlen bei Strafe der unverzüglichen Einziehung der Farmen und des Verkaufs all ihrer Habe durch den Gerichtsvollzieher[1]). Da es aber vollständig an Kontrolle über die ferner liegenden Gegenden, in denen man übrigens gar nicht Bescheid wußte, gebrach, mußte das eine leere Drohung bleiben. Nur für dicht bei Kapstadt gelegene Farmen gewann sie etwas Bedeutung, und die dortigen Bauern bezahlten ihre Steuern geregelter[2]), aber gerade diese waren ja nie die Hauptsünder gewesen[3]). Auch die Kommissare sahen ein, daß es nicht bei einer bloßen Drohung bleiben dürfe. Es war den Viehbauern seit Jahren gestattet gewesen, ihre Belehnungssteuer in Vieh statt in Bargeld zu entrichten, aber nach der Reform von 1791/93 hatte die Regierung nicht mehr so viel Vieh nötig, und deshalb gaben die Kommissare in derselben Proklamation bekannt, daß Vieh nicht mehr als Zahlung angenommen würde, statt dessen würde man jedoch die Steuergelder von dem Betrag abziehen, den die Schlächtereien den betreffenden Bauern bei Vieheinkäufen zu zahlen hätten.

Die eben genannten Schlächter pflegten nämlich ihre Knechte geregelt zum Einkauf von Schlachtvieh auf die Farmen zu schicken; zur Bezahlung diente ein Wechsel auf den Namen des Herrn, den die Bauern bei einem späteren Besuch in Kapstadt zu Geld machen konnten[4]). Nach dem neuen Gesetz jedoch hatten die Schlächter der Regierung das Geld auszuzahlen, und diese zog davon jedesmal den Betrag der Steuer für das laufende und zwei rückständige Jahre ein. Dafür wurde den Schlächtern eine Quittung zusammen mit dem Restbetrag zugestellt, die sie den betreffenden Bauern auszuhändigen hatten. Die Wirkung

Durchreise berührt und schon seit Jahren verlassen gefunden hätten. Und diese Farm wurde noch immer als von Olivier bewohnt in den Büchern weitergeführt! (Vgl. Pol. R. Res. 7. Aug. 1793.)

[1]) Proklamation der Gen.-Komm. 20. Febr. 1793.

[2]) P.R.Res. 14. Febr. 1794.

[3]) Kapregierung an die Gen.-Komm. 20. Febr. 1793.

[4]) Vgl. Mentzel I, 434 ff.

dieser Maßnahme war zwiefacher Art: Bei dem überaus schlechten Verkehrswesen in der Kolonie wußten viele Bauern in den entlegenen Distrikten noch nichts von dieser Bekanntmachung, nachdem sie schon fast ein Jahr lang in Kraft getreten war[1]). Wenn einer dieser Bauern, nachdem er einiges Schlachtvieh verkauft hatte, die lange Reise nach Kapstadt unternahm, um dort alles, was er für Landwirtschaft und Haushalt benötigte, gegen den Erlös einzukaufen, wartete seiner dort eine bittere Enttäuschung. Statt des Geldes erhielt er eine Quittung für alte Steuerschulden, die er wahrscheinlich nie hatte begleichen wollen, und statt sich nun voll eindecken zu können, mußte er mit einem halbleeren Wagen und Verwünschungen im Herzen nach Hause zurückkehren[2]). Die anderen Bauern, denen die Proklamation bekannt geworden war, weigerten sich einfach, wahrscheinlich mit deshalb, weil sie die ganze Sache für einen bösen Streich der gewissenlosen Schlächter hielten, irgendwelches Schlachtvieh zu verkaufen[3]). Bei ihren geringen Bedürfnissen wurde ihnen das nicht schwer, besonders da sie für den Erlös von Butter, Seife und Fellen noch immer das allernotwendigste beschaffen konnten[4]).

Vielen Bauern war es in den neunziger Jahren überhaupt unmöglich, irgendwelche Zahlungen zu leisten, da die immer zahlreicher werdenden Raubzüge der Buschmänner und Kaffern hunderte von ihnen gänzlich ruinierten[5]); dennoch halfen alle diese Maßnahmen zusammen doch ein wenig, so daß im Rechnungsjahr 1792/93 24110 Reichstaler an Belehnungssteuern einliefen, wovon noch dazu drei Viertel rückständige Gelder waren[6]). Von einer auch nur einigermaßen geregelten Einforderung der Belehnungssteuer konnte jedoch auch nach Inkrafttreten der neuen Verordnungen nicht die Rede sein.

Bei der Einforderung der Getreidezehnten waren die Schwierigkeiten ganz anderer Art. Früh im 18. Jahrhundert hatten die Siebzehn den Befehl erlassen, daß nicht nur der Zehnte von allem bei der Kompanie abgelieferten Getreide zu erheben sei, sondern daß dieser auf die ganze Ernte zu berechnen wäre, mit Einberechnung also des Getreides, das für den Eigengebrauch und zur Saat zurückbehalten wurde; die Bauern sollten jährlich

---

1) Bericht von J. Wagener an die Regierung. 30. Dez. 1793.

2) Vgl. Kirsteins, Memorandum 171 ff.

3) P.R.Res. 31. Aug. 1793; Bericht von J. Wagener. 30. Dez. 1793.

4) Vgl. Craig to H. Dundas, 18. Dec. 1795 (Theal, Rec. I, 264); de Jong I, 195 ff. und II, 109 ff.

5) Vgl. Wieringa 32 ff.

6) P.R.Res. 11. Febr. 1794.

die Höhe ihrer gesamten Ernte angeben und davon den zehnten Teil der Regierung in Kapstadt in natura oder Geld abliefern[1]. Alle Proteste der Getreidebauern waren vergeblich, und folglich halfen sie sich selber, indem sie jährlich den Ertrag ihrer Ernte niedriger angaben als er in Wirklichkeit war[2]. Es war gebräuchlich geworden, daß der Bauer vorgab, nur soviel geerntet zu haben, wie er sich schon entschlossen hatte, der Regierung selbst zu liefern. Obwohl die Regierung 1776 durch Gesetzgebung vor solchem »Betrug« warnte, was übrigens ganz ohne Wirkung blieb[3], bürgerte der Brauch sich so ein und wurde so selbstverständlich, daß in den neunziger Jahren sowohl die Regierung selbst als auch die Vertreter der Getreidebauern aussagen konnten, daß noch nie mehr abgegeben worden sei als der zehnte Teil des an die Regierung abgelieferten Getreides[4]. Die alte Formalität freilich war geblieben; an einem bestimmten Tage hatten die Bauern persönlich zu erscheinen, um den Ertrag ihrer Ernte anzugeben, damit der betreffende Beamte (in Außenbezirken der Landdrost), falls ihm die Angaben verdächtig erschienen, die Bauern auffordern könne, sie eidlich zu bekräftigen[5]. Immer mehr und mehr Bauern unterließen es zu erscheinen oder auch nur brieflich diese, dann gewiß wertlose, Formalität zu erledigen, so daß der Fiskaal noch 1789 beim Justizrat darüber Klage erhob; worauf der Politische Rat beschloß, jedem, der nicht persönlich erschiene, eine Geldstrafe aufzuerlegen[6]. Aber die Bauern hatten es längst gelernt, den Drohungen der Regierung keinen Glauben zu schenken und, wenn es für sie vorteilhaft war, unterließen sie nicht nur irgendwelche Angaben, sondern lieferten auch gar kein Getreide bei der Regierung ab; letzterer Fall trat natürlich nur dann ein, wenn sie ein anderes Absatzgebiet fanden, wie das während der Regierung v. d. Graaffs häufig der Fall war, als Kapstadt selbst große Mengen von Getreide verbrauchte, oder wenn infolge der Trockenheit die Ernte klein war und die Städter hohe Preise bieten mußten.

---

[1]) Theal, History II, 424ff.

[2]) 1790 z. B. waren 20 Mud Roggen »erklärt« worden, die Kompanie aber hatte 65½ Mud ausgeführt! (Vgl. Kapregierung an die Siebzehn. 15. Juli 1790.)

[3]) Kapregierung an die Siebzehn, 19. April 1786; Kapregierung an die Gen.-Komm. 10. Aug. 1792.

[4]) J.J. Vos u. a. an die Gen.-Komm. 10. Aug. 1792.

[5]) P.R.Res. 23. Juni 1789.

[6]) Ebenda.

Von dem Getreide, das er der Kompanie lieferte, mußte der Bauer erstens den Zehnten abgeben und dann erhielt er erst auf vielen Umwegen sein Geld[1]). Verkaufte er dagegen sein Getreide dem Städter, so hatte er alle diese Unannehmlichkeiten nicht und, was noch wichtiger war, es kamen Zeiten, in denen der Kolonist einen Preis von z. B. 4,2 Reichstaler zahlte gegenüber dem festgesetzten Preis der Kompanie von 2,4 Reichstaler pro Mud[2]). Besonders 1790 war es auffallend, wie wenig der Kompanie geliefert wurde, obwohl die Ernte am Ende von 1789 außergewöhnlich reich gewesen war. Da die Regierung schon 1789 nicht genügend Getreide zur Verfügung gehabt hatte, hob sie nun ein Verbot gegen Getreideausfuhr, das sie in einer Zeit des Getreidemangels erlassen hatte, absichtlich nicht wieder auf, um so die Bauern zur Ablieferung ihrer Produkte zu zwingen[3]). Dennoch wurde fast nichts geliefert. Laut Verordnung mußten die Bauern im Januar der Regierung anzeigen, wieviel Getreide sie liefern könnten, aber noch am 9. Februar mußte der Speichermeister berichten, daß bis dahin nur 7500 Mud abgeliefert wären, und zwar von nur 57 Bauern, während über 500 als Getreidelieferanten in seinen Büchern aufgezählt würden[4]). Der Zustand war sehr ernst, denn die Kompanie erhielt nicht nur kein Getreide, sondern verlor auch noch den ihr zustehenden Zehnten. Erst wollte die Regierung sich auf gütlichem Wege aus dieser Lage retten und forderte die Bauern zur Abgabe des Getreides auf[5]); aber das Resultat war nur die Lieferung von weiteren 350 Mud[6]). Ein zweites Mal versuchte die Regierung noch mit Güte, ihr Ziel zu erreichen; die Lieferungszeit wurde um 14 Tage verlängert, und gleichzeitig wurden die Bauern darauf aufmerksam gemacht, wieviele Wohltaten ihnen die Kompanie erwiesen habe[7]). Als auch dieses nichts half, sah sich die Regierung genötigt, mit Gewalt vorzugehen; von allem Getreide, das für Privatleute nach Kapstadt geschafft wurde, beschlagnahmte sie an der Einfahrt zur Stadt die Hälfte für den eigenen Gebrauch[8]).

So konnte es jedoch nicht weitergehen; ein Getreidebauer machte es dem anderen nach, so daß endlich nicht nur die Ge-

---

[1]) Vgl. P.R.Res. 31. Aug. 1787.

[2]) Vgl. P.R.Res. 2. Okt. 1789.

[3]) P.R.Res. 13. Okt. 1789.

[4]) Kapregierung an die Siebzehn. 19. Febr. 1790.

[5]) Ebenda.

[6]) Kapregierung an die Siebzehn. 15. März 1790.

[7]) Ebenda.

[8]) Kapregierung an die Siebzehn. 17. Febr. 1792.

treideversorgung der Kompanie Gefahr lief, sondern auch die Einnahmen aus den Zehnten immer geringer zu werden drohte. Wenn nun der Zehnte der ganzen Getreideernte wieder hätte eingefordert werden können, so hätten die Bauern einen Grund weniger gehabt, ihr Getreide anderweitig zu verkaufen, und mithin — was in diesen Jahren sehr wichtig war — wären die Einnahmen gestiegen. Von dem letzten Gesichtspunkte ausgehend, hatte die Kapregierung den Siebzehn schon 1786 Vorschläge zur Reform der Zehntensteuer unterbreitet[1]). Diese waren gutgeheißen und konnten nun 1790 angewandt werden. Der Zehnte von allen Lieferungen an die Kompanie wurde weiter gefordert, aber gleichzeitig wurde eine zweite Zehntensteuer von allem Getreide erhoben, und zwar in der Weise, daß von den Getreidefuhren am Eingang der Stadt ein Zehntel des Wertes — die Preise der Kompanie dienten als Maßstab — in bar als »Passagegeld« entrichtet werden mußte. Zum erstenmal wurde diese Steuer auch auf Hülsenfrüchte ausgedehnt[2]). Die Getreidebauern protestierten jedoch so nachdrücklich dagegen, daß die Regierung sich bewogen sah, es den Bauern zu überlassen ob sie den Zehnten in Geld oder in natura bezahlen wollten[3]). Inzwischen hatte diese neue Maßnahme sich vorzüglich bewährt; während der Zehnte 1790 nur fl. 8647 eingebracht hatte, betrug er 1791 schon fl. 35866 und 1797 sogar über fl. 40000[4]).

Den Weinbauern war es nicht gelungen, auch ihrerseits nur den Zehnten jenes Teils ihrer Ernte zu entrichten, den sie der Kompanie lieferten. Es mußte im Gegenteil bis zuletzt auch für jeden Legger Wein, der von außerhalb nach Kapstadt für Bürger hineingeschafft wurde, 3 Reichstaler als Steuer (»Faßgeld«) bezahlt werden[5]). Diese Steuer sollte aber eigentlich den Käufer treffen, deshalb gab der Bauer am Kastell nur an, wieviel Wein er bei sich führe, und für wen dieser bestimmt sei, ohne selbst etwas zu zahlen. Die Regierung forderte dann selbst die Steuer ein beim Empfänger. Aber auch diese Steuer bildete durchaus keine Ausnahme der allgemeinen Regel, auch hier war Betrug an der Tagesordnung; häufig nannte der Weinbauer als Empfänger ganz falsche oder frei erfundene Namen, was die Beamten erst dann entdeckten, wenn sie die Steuer einziehen wollten[6]). Schließ-

[1]) Kapregierung an die Siebzehn. 19. April 1786.

[2]) Kapregierung an die Siebzehn, 28. Jan. 1791; J. J. Vos u. a. an die Gen.-Komm.

[3]) P. R. Res. 27. März 1792.

[4]) P. R. Res. 30. Mai 1792 und 17. Febr. 1794.

[5]) Vgl. KKGG. 730.

[6]) P. R.Res. 27. Nov. 1789.

lich war es so schlimm geworden, daß die Regierung als Gegenmaßregel 1789 anfangen mußte, demProduzenten selbst die Steuer in Bargeld abzufordern[1]).

Bis dahin war es gut gegangen, wenn auch besonders die neuen Zehnten böses Blut gemacht hatten, denn im Grunde waren es doch alles alte anerkannte Steuern, die man nur jetzt weiter ausbildete und in zweckmäßiger Art einzog. Aber der finanzielle Notstand der Kompanie forderte gebieterisch höhere Einkünfte, und deshalb mußten neue Steuern eingeführt werden, die einen Streit entfachten, der verschiedene Jahre dauerte und einerseits die Haltung der Kompanie gegenüber den Kolonisten klar zum Ausdruck bringt und anderseits zeigt, welche Rechte die letzteren für sich in Anspruch nahmen. Schon 1785 hatten die Siebzehn der Kapregierung, unter Hinweis auf die günstige Entwicklung der Kolonie, den Auftrag erteilt neue Steuern vorzuschlagen[2]). Daraufhin wurde die schon beschriebene Neuregelung der Zehntensteuer vorgenommen und 1790 eine neue Steuer eingeführt von 2½ vH beim Verkauf von Leihfarmwirtschaften[3]). Inzwischen war der Brief vom 2. Oktober 1790 abgeschickt, und am 4. Januar 1791 wurde an alle Stationen der Kompanie ein Erlaß geschickt, wonach, außer der schon erwähnten Einkommensteuer für die Beamten, eine Erbschaftssteuer und eine »Freiwillige Gabe« von 2 vH des Wertes aller Besitztümer erhoben werden sollten[4]).

Als dieser Erlaß zu Anfang des Jahres 1792 am Kap eintraf, erhoben die Bürgerräte, welche als Vertretung der Kolonisten das Recht hatten, bei Neueinführung von Steuern angehört zu werden, den heftigsten Einspruch. Als die Regierung es dennoch wagte, durch öffentliche Anschläge die Erbschaftssteuer bekannt zu geben, erreichte die Unzufriedenheit der Kolonisten ihren Höhepunkt. Sowohl die Bürgerräte von Kapstadt als auch die Heemraden von Stellenbosch erklärten, daß sie eher ihr Amt niederlegen würden, als bei der Ausführung eines solchen Erlasses behilflich zu sein[5]). Die Regierung sah sich gezwungen ihre

---

[1]) Ebenda.

[2]) Kammer von Zeeland an die Kapregierung. 28. Juli 1785.

[3]) Kapregierung an die Siebzehn. 28. Jan. 1791. In der Theorie konnten natürlich nur die Wirtschaftsgebäude auf einer Leihfarm verkauft werden; in der Praxis berechnete man jedoch im Verkaufspreis den Wert der ganzen Farm mit ein; auch verweigerte die Regierung nie dem neuen Eigentümer die »Ordonnantie«.

[4]) Siebzehn an die Indische Regierung. 4. Jan. 1791.

[5]) P. R. Res. 6. u. 13. März 1792; Kapregierung an die Siebzehn. 7. April 1792.

eigene Proklamation zurückzuziehen und bekanntzugeben, daß die Sache ruhen würde bis zur Ankunft der Generalkommissare[1]). Nach dieser schweren Niederlage wagte die Regierung es nicht einmal, die Einführung der »Freiwilligen Gabe« bekannt zu geben[2]).

Die Generalkommissare sahen sich also gleich bei ihrem Eintreffen in einer sehr verzwickten Lage; ihre Instruktionen lauteten dahin, daß alle von den Siebzehn im Jahre 1791 angeordneten Steuern mit größter Genauigkeit einzutreiben seien, und gerade gegen diese lehnten die Kolonisten sich auf. Noch unter dem Eindruck ihres Sieges über die Regierung und dieserseits schwer betroffen von den finanziellen Rückschlägen ander Jahre, wollten die Kolonisten unter keinen Umständen neue Steuern zahlen, sondern verlangten im Gegenteil die Herabsetzung der schon bestehenden, besonders der 1790 eingeführten Zehnten. Die Bürgerräte reichten sofort im Namen der Kolonisten eine Bittschrift bei den Kommissaren ein, während die Getreidebauern ihnen selber ihre Forderungen unterbreiteten[3]). Nederburgh und Frykenius jedoch, die kaum aus den Niederlanden eingetroffen waren, wußten am Kap so wenig Bescheid, daß sie den Bürgerräten mit barschen Worten die Berechtigung absprachen, als Vertretung der gesamten Kolonie aufzutreten[4]). Sie meinten, daß die Kompanie die Wohltäterin der Kolonisten wäre, und daß es daher jedem Städter und Bauer ziemte, aus reiner Dankbarkeit der Kompanie in ihrer Not zu helfen. Aber wie unaufhörlich die Kommissare auch gegen die »Undankbarkeit« wetterten, so nahm diese doch nicht ab, sondern zu, und die Haltung der Kolonisten wurde so drohend, daß die Kommissare sich genötigt sahen, die Berechtigung der Bürgerräte anzuerkennen und alle Hoffnung auf die Einführung jener zwei verhaßten Steuern fahren zu lassen[5]). Aber da neue Steuern nun einmal erhoben werden mußten, veröffentlichten sie im März 1793 durch Proklamation die Einführung folgender neuer Steuern: 1. Beamte haben bei ihrer endgültigen Ausreise eine Steuer im Werte von 5 vH ihrer Habe zu entrichten. 2. Das 3 Reichstaler betragende »Faßgeld«, das früher nur für Wein gezahlt wurde, ist jetzt auch für jeden Legger Branntwein zu zahlen. 3. Die »Heere Gerechtigheid«-Steuer beim Verkauf unbeweglichen Besitzes wird von

---

1) Kapregierung an die Siebzehn. 7. April 1792.

2) Kapregierung an die Siebzehn. 18. Juli 1792.

3) Bürgerräte an die Gen.-Komm., 25. Juni 1792; J. J. Vos u. a. an die Gen.-Komm.

4) KKGG. 763 ff.

5) Ebenda.

2½ vH auf 4 vH erhöht. 4. Eine Steuer beim Verkauf beweglicher Güter wird erhoben dadurch, daß der neu einzuführende Kaufbrief mit einer Stempelmarke versehen wird. Bis zum Betrag von 12½ Reichstalern beträgt die Steuer 6 Stuivers und steigt mit der Kaufsumme bis zu dem Höchstbetrag von 10 Reichstalern für Beträge von und über 2000 Reichstalern. 5. Ein »Carossengeld« wird für Luxusfuhrwerke erhoben[1]).

Da Versteigerungen sich sehr eingebürgert hatten, war der Unwille der Bevölkerung über die neue Stempelmarkensteuer sehr groß und wurde immer schärfer. Gegen die neue Steuer gerichtete Bittschriften blieben unberücksichtigt, und nur ganz kleine Kaufbeträge wurden von der Steuer befreit; aber damit war niemand zufrieden, und so kam es zu einem allgemeinen Käuferstreik. Einige Monate lang konnte keine Versteigerung stattfinden, nirgend wurde dem Auktionator auch nur die kleinste Summe geboten. Nur einmal konnte eine alte Dame der Versuchung nicht widerstehen — es war bei einer Versteigerung in Paarl — und bot für einen Sklaven eine sehr niedrige Summe; als er ihr zugesprochen wurde, ergriff die Kauflust auch die anderen Leute, und die Versteigerung wurde erfolgreich zu Ende geführt. Aber damit war der Streik keineswegs beendet, sondern er dauerte noch eine Reihe von Wochen. Da die Kommissare jedoch fest blieben, gab die Bevölkerung schließlich klein bei; Ende Juni hörte der Streik auf, und man konnte die neue Steuer als endgültig durchgesetzt betrachten[2]).

Inzwischen war auch die Zollfrage ordnungsgemäß erledigt; beide, die Ein- und Ausfuhrsteuern, wurden mit Wirkung vom 1. September 1792 für die Kasse der Kompanie eingezogen, während der Fiskaal, der dadurch seinen Haupteinnahmequell versiegen sah, in Zukunft 4 vH aller eingeforderten Gelder erhalten sollte[3]). Damit hatte das verderbliche alte System einem viel besseren weichen müssen, das allerdings dem Kolonisten wenig zu Paß kam, denn es wurden nunmehr nicht mehr einzelne nur, sondern sämtliche Produkte bei der Ausfuhr versteuert[4]).

Voller Genugtuung konnten die Generalkommissare nach Hause schreiben, daß jetzt, wo alle diese Maßnahmen eingeführt wären, die Einkünfte sich wahrscheinlich auf fl. 400000 pro Jahr belaufen würden; hiervon würden von den Kolonisten durch direkte Steuern allein schon fl. 229000 aufgebracht werden,

---

1) Gesetz vom 16. März 1793.
2) KKGG. 770ff.
3) Ebenda 736ff.
4) Vgl. Mem. der Kolonisten zu Stellenbosch a. d. Gen.-Komm.

von der Zollstelle fl. 30000, durch Pachtgelder fl. 95000 und durch »Winsten« fl. 6000[1]). Dagegen sei während der Jahre 1786 bis 1790 an jährlichen Einkünften, durch direkte Besteuerung der Bauern, durchschnittlich nur fl. 133709, und durch sämtliche Steuern zusammen durchschnittlich nur fl. 279677,3 eingekommen[2]).

Durch rücksichtslose Durchführung ihrer Sparsamkeitsmaßnahmen, durch die Ausrottung alter Mißbräuche, die durch Geschlechter hindurch üblich gewesen waren, und durch das Einführen neuer Steuern hatten die Generalkommissare es erreicht, daß die Kapniederlassung nun nicht mehr eine unerträgliche Last für die Kompanie darstellte. Der Kompanie hatte ihr Schaffen großen Nutzen gebracht, aber wie trostlos war nun die Lage der Kolonisten!

VII. Kapitel.

Die Lage der Kolonisten.

Mit den Kapstädtern zusammen waren auch die Getreide- und Weinbauern des allgemeinen Wohllebens teilhaftig geworden, das mit dem Ausbruch des Englischen Krieges für die ganze Kapkolonie einsetzte. Während der Kriegsjahre selbst hatten sie einen fast unersättlichen Markt für ihre Produkte gefunden[3]), und das hatte sie veranlaßt, ihre Weingärten so weit wie möglich auszudehnen, so daß nach einer Berechnung die Weinernte im Jahre 1786 doppelt so reich hätte sein können als zehn Jahre zuvor[4]). Aber es war eine künstliche Handelsblüte; selbst für den enorm gewachsenen Bedarf am Kap war die Produktion viel zu groß, und sowie der Krieg zu Ende war und keine Kriegsflotten mehr in Kapstadt einliefen, um ihren Bedarf zu decken, wußten die Bauern nicht mehr wohin mit ihrem Wein. Darum fiel der Preis für ein Legger im Jahre 1786 bis auf 15 Reichstaler im Privathandel, während der von der Kompanie festgesetzte Preis 40 Reichstaler betrug[5]).

Die Getreidebauern dagegen konnten in den achtziger Jahren nicht über Mangel an Absatz klagen; Kapstadt selber verbrauchte

---

1) KKGG. 832 ff.

2) Vgl. P. R. Res. 30. Mai 1792.

3) Vgl. A. E. v. Braam Houckgeest, Nader supplement tot de Bedenking omtrent de Caab de Goede Hoop, 1789.

4) Kapregierung an die Siebzehn. 19. April 1786.

5) Ebenda, Kapregierung an die Siebzehn. 10. Okt. 1786, 25. Sept. 1787 und 31. Jan. 1789.

sehr viel Getreide, und außerdem führte die Kompanie jährlich einige tausend Mud nach den Niederlanden und Indien aus[1]). Zufällig setzte jetzt gerade eine Trockenperiode von mehreren Jahren ein, die wiederum böse Mißernten hervorrief; die Preissätze in Kapstadt mußten außer Kraft gesetzt werden, und die Bäcker wurden beauftragt alles Getreide, dessen sie habhaft werden konnten, zu irgendeinem Preise aufzukaufen. Es wurden sogar bis zu 10 Reichstalern pro Mud bezahlt. Das Proviantschiff für Batavia mußte leer zurückkehren, und die Kompanie mußte sogar aus Europa Getreide schicken, um dem Brotmangel am Kap vorzubeugen[2]).

Unter diesen Umständen beschloß die Regierung, ohne an die Folgen ihrer Haltung in der ferneren Zukunft zu denken, den Getreidebau mit allen zu Gebote stehenden Mitteln zu höchstmöglicher Produktion anzuspornen. In der Nähe von Kapstadt war eine weitere Steigerung kaum möglich, und für die weiter ab wohnenden Bauern war der Transport über die Berge zu mühsam und kostspielig. In der Umgebung von Mosselbai dagegen war die Gelegenheit dazu äußerst günstig, sobald für Schiffstransport gesorgt war. Deshalb schickte die Regierung einen Beamten dorthin, um die Bauern dafür zu gewinnen; sie versprach, daß sie an der Bucht einen Getreidespeicher errichten würde, und daß sie jährlich bis zu 6000 Mud Getreide per Schiff von dort würde holen lassen; um ihnen den Anfang zu erleichtern sollten sie auf Kredit Landwirtschaftsgerätschaften von der Kompanie beziehen[3]). Die Bauern ließen sich das nicht zweimal sagen, sondern fingen sofort an, sich auf Borg die nötigen Geräte anzuschaffen und die Ländereien vorzubereiten; schon 1787 konnten sie 1200 Mud liefern[4]), und in den nächsten Jahren war es ganz bedeutend mehr[5]). Hiermit gab sich die Regierung jedoch nicht zufrieden, sondern bot, wieder nach einem trockenen Jahr, 1789 den Bauern in der Nähe von Saldanhabai dieselben Bedingungen an, um auch sie zum Getreidebau zu ermuntern. Als Grund gab sie an, daß bei dem schnellen Wachsen der Station und der Garnison die Gefahr bestünde, daß die bisherigen Lieferanten nicht mehr genügende Mengen von Getreide produzieren könnten[6]).

[1]) Vgl. die Jahresberichte der Reg. z. B. 30. April 1788, 22. Mai 1789.

[2]) P. R. Res. 12. Mai, 19. Juni und 10. Okt. 1786; 6. März 1789; Kirsteins, Memorandum 172/73.

[3]) P. R. Res. 31. Jan., 4. Aug. und 27. Dez. 1786.

[4]) P. R. Res. 18. Mai 1787.

[5]) P. R. Res. 30. Mai 1792.

[6]) P. R. Res. 13. Nov. 1789.

Es war ja natürlich, daß die Regierung Versorgungsmaßregeln traf, damit die Lage von 1786 sich nicht wiederholen könne, denn wenn das Kap nicht genug Getreide produzierte, sowohl für sich selbst als auch für die Versorgung der Kompanieschiffe, so war der Hauptzweck der ganzen Anlage verfehlt. Aus diesem Grunde hatten die Siebzehn auch diese Maßregeln der Regierung gutgeheißen. Aber noch war es nicht lange her, seit die Unzufriedenheit der Kolonisten zu schweren Unruhen geführt hatte, die zum Teil gerade durch das Fehlen eines Absatzgebietes verursacht waren: der damalige Gouverneur hatte selber ausgesprochen, wie ernst ein solcher Zustand der Überproduktion sei, und hatte Maßnahmen gefordert, die den Bauern einen Markt zusicherten[1]). Anderseits kannten die Siebzehn die überaus heikleFinanzlage der Kompanie sehr wohl und klagten dauernd über die zunehmenden Ausgaben am Kap, so daß sie wenigstens, wenn es nun doch einmal von der unverantwortlich leichtsinnigen Kapregierung jener Tage nicht zu erwarten war, es hätten voraussehen müssen, daß mit dem Abbau der Verwaltungskosten am Kap, der nun einmal bei der finanziellen Notlage der Kompanie unvermeidlich war, auch die Nachfrage nach Getreide abnehmen müsse, was besonders nach diesem Schritt der Regierung dann zu einer größeren Überproduktion als je zuvor führen mußte. Dann mußten die Bauern sich schlechter stehen als je, um so mehr, als sie den Gewinn, welchen der zeitweilige gute Absatz ihres Getreides abwerfen würde, nicht anders anlegen konnten, als indem sie ihren Nachbarn das Geld liehen oder es zur Instandsetzung und Vervollkommnung ihrer Wirtschaft verwendeten[2]). Es ist aber keineswegs befremdlich, daß solche Erwägungen niemand Kopfschmerzen verursachten: Der militärisch geschulte Gouverneur v. d. Graaff war ganz davon überzeugt, daß Einschränkungen auf militärischem Gebiet am Kap unmöglich seien, und die Siebzehn hatten, wie immer, nur den Vorteil der Kompanie bedacht, der in diesem Falle darin bestand, daß die Ausdehnung des Getreidebaus ihnen für die Zukunft eine ausreichende und billige Befriedigung ihres Bedarfs gewährleistete. Es war mithin nur die Bestätigung jener Auffassung, welche noch 1783 durch eine aus ihrer Mitte gewählte Kommission vertreten wurde, daß das Kap noch immer eine bloße Erfrischungsstation sei, deren Aufgabe es sei, die Kompanie mit allen notwendigen Produkten reichlich

---

[1]) van Plettenberg an die Siebzehn. 20. März 1781.

[2]) Vgl. Memorie van J. M. Cruywagen en anderen. 14. Febr. 1784.

zu versehen, und daß die Bauern deshalb angespornt werden müßten, so viel wie möglich zu produzieren[1]).

Deshalb schrak die Regierung auch nicht davor zurück, jede Ausfuhr von Getreide zu verbieten, sobald Mangel an Lebensmitteln drohte oder sie auch nur fürchtete, daß wegen Trockenheit die Ernte schlecht ausfallen würde, oder daß die Bauern der Kompanie nur ungern liefern würden, zum großen Verdruß der Kolonisten, die von den Fremden viel höhere Preise erlangen konnten als von der Kompanie[2]).

Nach 1789 hatte die Kapkolonie eine Reihe guter Ernten zu verzeichnen, aber inzwischen war auch der Brief der Siebzehn vom 2. Oktober 1790 eingetroffen, dem dann die Maßnahmen der Kommissare auf dem Fuße folgten. Statt des Getreidemangels hatte man sich nun mit einer noch nie dagewesenen Überproduktion abzufinden. Die Truppen waren nach Batavia befördert, die Zahl der Ingenieure und Handwerker war sehr zusammengeschmolzen, Arbeiter und Mietssklaven entlassen, der Schleichhandel unterbunden — — alle diese Maßregeln beendeten mit einem Schlage den blühenden Wein- und Getreidehandel und trafen sowohl Bauern als Städter auf das empfindlichste. Nicht nur der Bedarf der Regierung selber war viel kleiner geworden, sondern auch die ganze Stadt brauchte viel weniger, nachdem Truppen und andere Angestellte der Kompanie sie verlassen hatten. Wie groß der Unterschied war, erhellt am besten aus einem Vergleich der Pachtgelder. Für das Alleinrecht, Kapwein in den Kleinverbrauch zu bringen in Kapstadt, wurde 1785 der Preis von fl. 74500 gezahlt; in den nächsten Jahren stieg er sodann bis auf fl. 144900 im Jahre 1790[3]). Vor der nächsten Verpachtung hatte die Einschränkung begonnen und 1792 wurde für das Weinmonopol nur noch fl. 51500 gezahlt, während 1795 der Preis sogar auf fl. 31050 herabsank[4]). Wir müssen also, auch wenn wir ein Sinken des Preises für Wein voraussetzen, für die Periode von 1790 bis 1794, doch den Schluß ziehen, daß der Verbrauch gewaltig abgenommen hatte, während die Zahl der Kolonisten von 1785 bis 1792 um 20 vH gestiegen war[5]).

---

[1]) Res. der Siebzehn. 3. Dez. 1783.

[2]) Vgl. P. R. Res. 12. Mai 1786, 13. Okt. 1789; Kapregierung an die Siebzehn, 25. Okt. 1791; J. J. Vos u. a. an die Gen.-Kommissare.

[3]) P. R. Res. 31. Aug. 1785; Kapregierung an die Siebzehn. 10. Aug. 1793.

[4]) Kapregierung an die Siebzehn. 10. Aug. 1793 und 30. Aug. 1794.

[5]) Vgl. Kapregierung an die Siebzehn. 1. Mai 1786 und 10. Aug. 1793.

Für die Bauern war es eine äußerst traurige Lage. Diejenigen, die auf den dringenden Wunsch der Regierung hin sich in der Nähe von Mosselbai dem Landbau gewidmet hatten, waren nun die Betrogenen, denn als eine ihrer weiteren Sparsamkeitsmaßregeln hatten die Generalkommissare das Getreideschiff, das ihre Produkte abholen sollte, abgeschafft[1]). Damit war auch ihr Getreidebau zu Ende, denn über Land konnten sie ihre Produkte nicht nach Kapstadt transportieren. Kirsteins hält dies sogar für eine der Hauptursachen des Aufstandes von Swellendam im Jahre 1795[2]). Die übrigen Getreidebauern in den alten Getreideländereien hatten die Generalkommissare sehnsüchtig erwartet, weil sie von ihnen eine Aufbesserung ihrer Lage erhofften und vor allem die Abschaffung des neuen Zehnten[3]). Um so größer war die Enttäuschung, als es sich herausstellte, daß die Kommissare durchaus nicht die Absicht hatten, jene Steuer zu erleichtern, und diese Enttäuschung sollte auch den Kommissaren Kopfschmerzen bereiten. Einen Monat nach ihrer Ankunft wurde entdeckt, daß in Kapstadt die Getreideversorgung der Bürger nur noch auf 18 Tage gesichert sei; die Getreidebauern hatten sich nämlich geweigert, auch nur einen Scheffel Getreide nach Kapstadt zu bringen, ehe man nicht ihre Forderungen bewilligt habe. Die Regierung mußte, um der Hungersnot vorzubeugen, die Bäcker aus den Vorräten der Kompanie mit Getreide versehen[4]).

Etwas mußte also geschehen, um die Bauern zur Getreidelieferung zu bewegen; aber den Zehnten durfte man ihnen nicht erlassen, das fühlten die Kommissare, wenn man nicht das schon wankende Ansehen der Kompanie am Kap gänzlich untergraben wollte. Deshalb gaben sie bekannt, daß der Einkaufspreis des Getreides von fl. 80 auf fl. 85 erhöht sei — eine Erhöhung von nur 6 vH, während sie selbst zugegeben hatten, daß dieProduktionskosten in den letzten Jahren um 50 vH gestiegen wären[5]). — Ferner gaben sie bekannt, daß die Regierung in Zukunft genug Getreide aufkaufen würde, um den Bedarf der Kompanie und der Stadt auf ein Jahr im voraus zu decken[6]). Dadurch, so meinten sie, liefe die Regierung im Falle einer neuen Mißernte keine Gefahr mehr, und die Bauern erhielten auf einmal eine größere Summe Bargeldes für ihre Produkte[7]).

[1]) KKGG. 55.
[2]) Kirsteins, Memorandum 173.
[3]) Vgl. KKGG. 154.
[4]) Ebenda 151 ff., 158.
[5]) Ebenda 164.
[6]) Gesetz vom 14. Dez. 1792.
[7]) KKGG. 165.

Die ganz ausgezeichneten Ernten der nächsten Jahre wirkten mit, die Unzulänglichkeit dieses kleinen Hilfsmittels zu zeigen, denn die Überproduktion war ärger als je. Im Jahre 1793 rechnete der Sekundus Rhenius aus, daß die beiden Bezirke Kapstadt und Stellenbosch allein schon bei einer mittelmäßigen Ernte 80000 Mud Weizen produzierten, wovon die Kompanie 10000 für ihren Verbrauch am Kap benötigte und 15000 für Indien, während 30000 Mud zur Ernährung Kapstadts und zur Versorgung fremder Schiffe ausreichten, so daß 25000 für Saat und eigenen Gebrauch übrig blieben[1]). Aber er hat den Verbrauch der Regierung am Kap, wie es scheint, viel zu hoch eingeschätzt[2]), und auch nach Indien wurde in den nächsten Jahren viel weniger als 15000 Mud ausgeführt[3]), während die fremden Schiffe, wie wir sehen werden, in den folgenden Jahren immer seltener im Kapstadter Hafen anlegten. Schon 1794 war der Getreidevorrat so groß, daß die Regierung sich nicht mehr zu helfen wußte und als einziges Rettungsmittel eine — — Dürre herbeisehnte! denn die Bauern wurden von Tag zu Tag unzufriedener[4]). Aber die Dürre wollte nicht kommen und im nächsten Jahre waren die Vorräte schon zu einer »voorbeeldeloze hoeveelheid« gewachsen[5]). In diesem Jahr sah sich die Regierung sogar genötigt, die Satzung der Generalkommissare zu übertreten und weit mehr Getreide aufzukaufen als die Kompanie benötigte, obgleich diese Maßregel wegen Mangel an Geld und Vorratsspeichern natürlich nur in beschränktem Maße helfen konnte[6]).

Den Weinbauern ging es nicht besser: Die Kommissare hatten 1793 berechnet, daß die Regierung in Zukunft an Wein 760 Leggers benötigen würde, aber zur selben Zeit entdeckten sie, daß der Vorrat im Keller so groß wäre, daß man zwei Jahre lang keinen einzigen Legger anzuschaffen brauchte[7]) — und doch hatte es schon Zeiten gegeben, ehe die Maßregeln zur Ersparnis

---

[1]) Rhenius a. d. Militärkommission. 7. Dez. 1793. (Ms. Germ. Fol. 885, 556 ff.)

[2]) 1787, als der Bedarf der Kompanie am Kap so viel größer war als nach der Einschränkung von 1791/93, berechnete der Speichermeister den Gesamtbedarf der Kompanie an Weizen (also einschließlich der Sendung nach Indien) auf 28000 Mud. (P.R.Res. 17. Jan. 1787.)

[3]) 1793 z. B. nur 9475 Mud. (Kapregierung an die Siebzehn. 23. Okt. 1793.)

[4]) Sluysken a. d. Gen.-Komm. in Indien, 10. Okt. 1794; vgl. auch die Sitzungsberichte des Pol. Rates in diesen Monaten.

[5]) Sluysken a. d. Bewindhebberen. 12. April 1795.

[6]) Sluysken a. d. Gen.-Komm. 10. Okt. 1794.

[7]) KKGG. und 638 697.

eingeführt waren, in denen der Weinbauer seine Fässer hatte öffnen und den Wein auslaufen lassen müssen, weil er kein Absatzgebiet fand[1]). Der Preis des Weines fiel bis auf 10 Reichstaler für einen Legger, womit die Produktions- und Transportkosten nach Kapstadt noch nicht einmal gedeckt wurden[2]). Die Aussichten wurden immer trüber; so berechnete Sluysken 1795, daß nach Abzug des Bedarfs der Kompanie und der Kolonisten von der Ernte dieses Jahres noch 2000 Leggers übrig bleiben würden[3]).

Anderseits stiegen die Preise aller Landwirtschaftsgeräte nach dem Englischen Kriege ganz enorm, und diese Preissteigerung hörte keineswegs auf, als der Reichtum des Kolonisten in Armut umschlug, sondern wuchs immer weiter. Schon 1787 und 1788 liefen zwei Bittschriften der Getreidebauern ein, worin die Regierung ersucht wurde, den Einkaufspreis für Getreide zu erhöhen, weil die Gerätschaften und Sklaven so im Preise gestiegen wären, daß die festgesetzten Preise für Getreide nicht mehr genügten[4]). In beiden Fällen hatte die Regierung taube Ohren, und zwar beide Male aus demselben Grunde: sie nahmen an, daß die Preise für Gerätschaften und Sklaven voraussichtlich bald fallen würden; außerdem trug, wie die Regierung behauptete, die Kompanie doch keine Schuld an dieser Preissteigerung, warum sollte sie dann gerade sich um der Bauern willen in schwere Unkosten stürzen[5])! Die Preise fielen jedoch nicht, und 1792 mußte die Regierung selbst zugeben, daß der Preis von Sklaven und Landbaugerätschaften sich seit 1778 verdoppelt habe[6]); so kosteten Farmsklaven, die 1778 noch für je 100 bis 130 Reichstaler zu haben waren, 1792 schon 300 bis 400 Reichstaler pro Kopf[7]).

In diesen Jahren nahm auch der blühende Handel mit Schiffen fremder Nationen in verhängnisvoller Weise ab[8]), zum Teil infolge der Ereignisse in Europa, zum Teil infolge weiterer Maßnahmen der Kommissare und der Kompanie, die uns noch beschäftigen

---

1) Vgl. Kapregierung an die Gen.-Komm., 12. Okt. 1792; E. Bergh, Memorie 49ff.

2) P. R. Res. 17. Sept. 1794; de Jong, Reizen II, 54ff.

3) Sluysken an die Bewindhebberen. 12. April 1795.

4) P. R. Res. 10. Mai 1787 und 8. Jan. 1788.

5) Ebenda.

6) Kapregierung an die Gen.-Komm., 10. Aug. 1792; J. J. Vos u. a. an die Gen.-Komm.

7) Kapregierung an die Gen.-Komm. 10. Aug. 1792.

8) Kapregierung an die Gen.-Komm., 12. Okt. 1792; an die Siebzehn, 23. Okt. 1794; de Jong, Reizen II, 55ff.; E. Bergh, Memorie 79ff.; Sluysken a. d. Bewindhebberen, 12. April 1795.

werden, aber großenteils auch wegen der eigenartigen Zustände am Kap selber, wo jetzt eins zum andern kam, bis endlich der gänzliche Zusammenbruch des wirtschaftlichen Lebens da war. De Jong legt 1793 den Kapstädtern die Worte: »Wy leven van God en van de vreemden« in den Mund[1]); und wirklich war nach all den Eingriffen der Regierung und der Generalkommissare in den letzten Jahren der Handel mit den Fremden und ihre Verpflegung der einzige Einnahmequell von vielen Kapstädtern.

Die fremden Schiffe liefen in Kapstadt ein, zum Teil um dort frische Lebensmittel an Bord zu nehmen; aber nach dem Englischen Kriege machten die wiederholten Ausfuhrverbote ihre Versorgung ganz unsicher; konnten sie aber Getreide einkaufen, so forderten die Alleinverkäufer ihnen so unverschämte Wucherpreise ab, daß sie Kapstadt schon deshalb meiden lernten[2]). Früher hatten sie aber gerade auch deshalb Kapstadt so gern besucht, weil beim Verkauf von allerlei Artikeln gut zu verdienen war. Nun wurde ihnen nach 1791 das Handeln immer schwerer gemacht, denn Tauschhandel kam für sie nicht so sehr in Betracht, da die kapländischen Produkte, mit wenigen Ausnahmen, wegen Größe und Schwere schlecht mitgenommen werden konnten. Bargeld jedoch war am Kap so knapp geworden, daß die Kolonisten darin nicht zahlen konnten; das einzige Geld, das im Umlauf war, bestand aus Noten, die außerhalb des Kaplandes wertlos waren[3]).

Damit schwand nicht nur ein wichtiges Absatzgebiet für die Landwirtschaft hin, sondern der Kapstädter verlor auch die Prozente, die ihm als Vermittler bei allen Käufen zugefallen waren; mit der vorteilhaften Verpflegung der Fremden war es aus; seine zweite Hauptbezugsquelle ausländischer Waren für den Handel in der Kolonie war versiegt[4]). Nun hatten aber schon die früheren Maßnahmen der Regierung und der Kommissare ihm seine anderen Hauptverdienstquellen genommen: das Vermieten von Sklaven für die großzügige Bauarbeit der Regierung war zu Ende[5]); die Söldner und eine große Zahl der Arbeiter, beides gute Kunden des Städters, waren fort; schlimmer als alles andere, der Schleichhandel mit den Seeleuten der Kompanie war zunichte, der doch schon so fest gewurzelt war, daß man wohl sagen kann, er war für

---

[1]) Reizen I, 158.

[2]) Vgl. Kirsteins, Memorandum 170; Sluysken a. d. Bewindhebberen, 12. April 1795.

[3]) Siehe unten, Kap. VIII.

[4]) Vgl. Kapregierung an die Siebzehn, 17. April 1794; Sluysken a. d. Bewindhebberen, 12. April 1795; de Jong, Reizen I, 157.

[5]) Vgl. J. v. d. Bergh an die Kapregierung. 31. Mai 1791.

das Fortbestehen der Kolonie unentbehrlich. Der Handel, von dem die meisten Kapstädter gelebt hatten, war mit einem Schlage vernichtet[1]). Mitten in ihrem Leben der leichtsinnigen Verschwendung, in das sie in den letzten Jahren hineingeraten waren, traf sie dieser Schlag und traf sie deshalb um so härter.

Schon bei ihrer Ankunft, d. h. bevor ihre eigenen Maßnahmen sich zu denen gesellten, die am 2. Oktober 1790 von den Siebzehn befohlen waren, fanden die Kommissare die wirtschaftliche Lage des Landes so traurig, daß sie nicht umhin konnten, sie mit diesen Worten zu schildern: »... het grootste gedeelte der ingezeetenen geruineerd in hunne finantien..., de rollen van de Raad van Justitie by elke zitting opgevuld met citatien tot betaling van schulden — executien op executien gestapeld, sonder dat de nood der crediteuren toeliet aan de debiteuren enig uitstel te verleenen — het numerair uit de Colonie als verbannen — de vaste goederen daardoor hunne waerde byna geheel verliesende — de vermogende sowel als onvermogende met eene totaale ruine bedreigd — een algemeen gemor, misnoegen en verbittering tegen de Regeering ... zig allerwegen openbaarende ...«[2]).

Wir haben jedoch Gelegenheit gehabt zu sehen, wie dieselben Männer, die diesen Ausspruch taten, gleich nach ihrer Ankunft an die Arbeit gingen, um die schon so schwierigen Lebensbedingungen der Kolonisten noch hoffnungsloser zu gestalten, und wie sie die schwere Last der Steuern noch um ein Beträchtliches schwerer machten. Was aber taten sie, um dem schwergeprüften Kolonisten sein Los zu erleichtern?

VIII. Kapitel.

Die Geldpolitik der Kompanie am Kap.

Zu der Zeit, als die Generalkommissare am Kap eintrafen, herrschte dort großer Mangel an Zahlungsmitteln; dem mußte abgeholfen werden, bevor irgendein Plan, wie man den Bauern zu einem Absatzgebiet verhelfen konnte, wirklichen Erfolg versprechen konnte[3]). Bevor wir jedoch zur Besprechung ihrer Hilfsmaßregeln übergehen, müssen wir erst näher auf die Geldpolitik am Kap eingehen und zu ergründen suchen, wie es zu dieser Zahlungsmittelnot gekommen war.

---

[1]) Vgl. de Jong, Reizen I, 156ff.

[2]) KKGG. 4ff.

[3]) KKGG. 105ff.

Da der gesetzwidrige Handel mit den Schiffen fremder Nationen und mit den Schiffsleuten der Kompanie nur selten als Tauschhandel vor sich ging, mußte die Zahlungsbilanz zuungunsten der Kolonisten ausfallen. Diese einseitige Entwicklung wurde noch dadurch beschleunigt, daß jährlich große Geldsummen nach den Niederlanden geschickt wurden, erstens zur Bezahlung der von dort bestellten Handelsgüter, zweitens zur Unterhaltung von Familienmitgliedern der Beamten, welche in den Niederlanden zurückgeblieben waren, und schließlich zur Auszahlung von Erbteilen und ähnlichen Geldern an dort ansässige Personen durch die Waisenkammer[1]). Dem Gesetze nach konnten solche Überweisungen ausgeführt werden nur durch die Kompanie, die sich hier wie überall das Monopol zu wahren suchte und auf diese Weise einen schönen Profit machte. Die Regierung durfte jährlich — meist im April — bis zu fl. 300000 zur Überweisung annehmen; als Wertmesser hierfür galt der Ducaton, der in der Kolonie 72 Stuivers galt, der aber von der Regierung, wenn es zur Rückzahlung an sie kam, nur zu 67 Stuivers gerechnet wurde[2]). Das Geld wurde aber tatsächlich erst gegen Ende des Jahres den Empfängern in den Niederlanden ausgehändigt[3]), so daß die Kompanie außer ihrem Profit von nahezu 7½ vH noch den Vorteil hatte, die Zinsen dieser Gelder ungefähr sechs Monate lang genießen zu können. Obendrein blieben auf diese Weise Gefahr und Kosten, welche die Übersendung von so viel Geld, das zur Deckung der dortigen Defizite der Kapregierung hätte geschickt werden müssen, mit sich brachte, der Kompanie erspart.

Da die Kolonisten mehr Geld aus dem Lande hinausschickten, als ihnen von draußen wieder zufloß, so war es von grundlegender Bedeutung, daß die Ausgaben der Regierung die Einnahmen jährlich bei weitem übertrafen. In den Jahren 1786 bis 1790 betrugen die Gesamtausgaben fl. 8046138, die Einnahmen fl. 1886642, so daß das jährliche Defizit sich durchschnittlich auf fl. 1231899 stellte[4]). Ein Teil dieses Defizits wurde durch die Gelder, welche zur Überweisung eingezahlt waren, gedeckt, das dann noch Fehlende mußte aus den Niederlanden geschickt werden. Jedes Jahr schickte die Regierung einen Voranschlag ihres Geldbedarfs nach den Niederlanden; nachdem

---

[1]) Ebenda 128 ff.

[2]) P. R. Res. 1. Nov. 1786; Kapregierung an die Siebzehn, 17. Febr. 1792; vgl. ferner für Überweisungen die Jahresberichte der Regierung.

[3]) Ebenda.

[4]) Vgl. die Jahresberichte der Regierung über die Lasten und Einkünfte.

dieser von den Siebzehn gutgeheißen war, was nicht immer geschah[1]), wurde die Summe unter die verschiedenen Kammern verteilt, jede einzelne hatte die Summe, die ihr zugeteilt war, aufzubringen und nach dem Kap zu schicken, was in dem Zeitabschnitt, dem unsere Forschung gilt, sich oft lange hinzog[2]).

Während des Englischen Krieges war es der Kompanie nicht möglich, die nötigen Gelder nach dem Kap zu schicken, deshalb mußte die Regierung sich zu einer Anleihe bei den Kolonisten entschließen, und als auch das nicht reichte, nahm sie ihre Zuflucht zur ersten Papiergeldausgabe[3]). Sofort erschienen auch die Falschmünzer, denen es recht leicht wurde, das wirklich sehr primitive Kartongeld[4]) zu fälschen; schon nach den ersten sechs Monaten bot die Regierung Belohnungen an für die Anzeige von Geldfälschern; 1785 wurde die Belohnung erhöht, und die Akten weisen sogar einen Fall auf, in dem ein Falschmünzer, einige Jahre früher, mit dem Tode bestraft wurde[5]).

Kurz nach dem Kriege machte sich die Regierung in raffinierter Weise die allgemeine Kreditnot zunutze, um einen Teil ihrer Schulden an die Kolonisten loszuwerden. Das geschah jedoch in Papiergeld, und die Regierung meldete voller Genugtuung den Siebzehn, daß die Gläubiger, wenn man gewartet hätte, bis genügende Summen Silbergeldes aus den Niederlanden eingetroffen wären, mit Recht auf Zurückzahlung in Silber hätten bestehen können, was ihnen 1781 ausdrücklich versprochen war. Nun wäre die Kompanie ihrer Schuld ledig, und wenn durch diese Rückzahlung das Geld knapp würde, so drucke sie »slegts weder zo veel aan Carton«[6]).

Glücklicherweise brauchten diese naiven Herren nicht ohne Ende Noten zu drucken, denn die Kompanie sandte nach dem Kriege wieder bedeutende Gelder in Silber nach Kapstadt; 1786 z. B. wurden fl. 1800000 gesandt[7]) und schon 1784 konnte die Regierung einen Teil der umlaufenden Noten gegen Silber einwechseln[8]). Später jedoch nahm der Notenumlauf wieder all-

---

[1]) Vgl. Siebzehn an die Kapregierung. 3. Dez. 1789.

[2]) Vgl. Siebzehn an die Kapregierung. 4. Jan. 1791.

[3]) Theal III, 143.

[4]) Von Papiergeld zu sprechen, ist kaum richtig, da die Noten aufgezeichnet waren auf gestempeltem weißen Karton.

[5]) P. R. Res. 5. Aug. und 6. Sept. 1785.

[6]) Kapregierung an die Siebzehn. 13. Juni 1788.

[7]) Siebzehn an die Kapregierung. 29. April 1786.

[8]) Kapregierung an die Gen.-Komm. 23. Aug. 1792.

mählich zu, so daß Ende August 1791 wieder 546108,27 Reichstaler in Noten zirkulierten[1]).

Die eingeführten Silbermünzen blieben nicht lange im Lande; wohl war ihre Ausfuhr verboten[2]), aber ein solches Verbot war bei dem ausgedehnten Schleichhandel sozusagen nutzlos. Die Nachfrage nach Silber für diesen Handel und auch zur Versendung nach den Niederlanden infolge des so tief angesetzten Gesamtbetrages der erlaubten Überweisungen war so groß, daß auch die Erhöhung des Wertes eines Silberguldens von 20 auf 24 Stuivers 1784 die Ausfuhr nicht verhindern konnte[3]). Früh im Jahre 1793 stellt de Jong die Behauptung auf, daß wahrscheinlich in der ganzen Kolonie keine Tausend Ducatons an Silber aufzutreiben wären[4]). Diese Silberknappheit mußte notwendig dazu führen, daß der Silberkurs stieg, da die Geldnoten nur im Lande selbst Geltung hatten; mit dem Steigen des Silberkurses aber mußten auch die Preise aller eingeführten Waren steigen, und somit das ganze Leben teurer werden[5]).

Eigentlich hätte infolge dieses Systems, bei dem der Kompanie die Rolle der Wechselbank zufiel, diese Nachfrage wenigstens teilweise abnehmen sollen, aber gerade, weil die Kolonisten das Geld zu den Überweisungen in Papier einzahlten, war es mehr als je im Interesse der Kompanie, diese nur in mäßigem Umfange zu gestatten. Während des Krieges mußten eine Zeitlang alle Geldsendungen unterbleiben, aber inzwischen häuften sich die Schulden der Kolonisten in Europa, die Kolonie dehnte sich immer mehr aus, und in der Blütezeit nach dem Kriege waren die Bestellungen aus den Niederlanden größer als je. Der erlaubte Höchstbetrag von fl. 300000 war also durchaus unzureichend, und die Kolonisten beklagten sich bitter darüber, daß sie deshalb nicht imstande seien, ihre Schulden in Europa zu begleichen, wodurch sie schließlich allen Kredit bei den niederländischen Kaufleuten einbüßten. Aus eben diesem Grunde kamen diejenigen, es waren meist Beamte, die nach den Niederlanden zurückkehren wollten oder schon dahin zurückgekehrt waren, aber einen Teil ihres Geldes noch am Kap liegen hatten, oft in die aller-

---

[1]) Kapregierung an die Siebzehn. 25. Okt. 1791. Nach Lord Caledon waren 1789 nur noch 99315 Reichstaler in Umlauf. (Theal, Rec. VII, 178.)

[2]) Vgl. Siebzehn an die Kapregierung. 3. Dez. 1789.

[3]) Kapregierung an die Siebzehn. 19. April 1786.

[4]) Reizen I, 162ff.

[5]) Ebenda; Kapregierung an die Siebzehn. 25. Okt. 1791.

größte Verlegenheit[1]). Die Regierung, die sich von der Berechtigung dieser Klagen überzeugt hatte, und deren Mitglieder vielleicht auch selbst Interesse an einer Abänderung hatten, setzte sich Jahr für Jahr über diese Regelung hinweg und nahm etwas mehr Überweisungsgelder entgegen als gestattet war[2]; aber dieses geringe Entgegenkommen konnte keineswegs den jährlichen Anträgen gerecht werden; so lagen Anfang Februar 1787 z. B. Überweisungsanträge in Höhe von fl. 2700000 vor und im nächsten Jahre von fl. 2800000[3]).

Endlich, 1788, schenkten die Siebzehn den Vorstellungen der Kapregierung Gehör und gestatteten ihr, bis zu fl. 500000 für Rimessen anzunehmen[4]). Einen noch höheren Betrag wollten sie nicht zugestehen; inzwischen aber versuchte erst die Regierung, später auch die Kammer der Siebzehn, die Verlegenheit der Kolonisten für ihre eigenen Zwecke auszubeuten. Schon 1787, als die Anträge auf Überweisungen das erlaubte Maß weit überschritten, gab die Regierung bekannt, daß sie mehr als die festgesetzten fl. 300000 in Empfang nehmen würde, aber nur unter einer Bedingung: falls es den Siebzehn nicht gelegen sein sollte, das Geld am Verfalltage in den Niederlanden auszuzahlen, müßte ihnen das Recht zugestanden werden, die Zahlung solange hinauszuschieben, als sie für gut befänden; in der Zwischenzeit würden sie 3 vH Zinsen bezahlen. Zu ihrem Verdruß mußte die Regierung sehen, wie die Kolonisten diese Zumutung damit beantworteten, daß sie fast ausnahmslos ihre Anträge zurückzogen[5]). Einige Jahre später machten die Siebzehn ihnen einen noch empörenderen Vorschlag: denjenigen Kolonisten wurde bei der Annahme von Überweisungsgeldern, die sich zu einer Berechnung des Ducatons zu 60 Stuivers und zu einer erst zwei Jahre später erfolgenden Auszahlung in den Niederlanden verstehen würden, der Vorzug zugesichert[6]), die, in anderen Worten also, der Kompanie 20 Verdienst an jedem Ducaton verschaffen wollten. Wie eifrig die Kommissare, die gerade am Kap waren, als dieser Vorschlag eintraf, auch bemüht waren, Mittel und Wege zu finden, um der Kompanie aus ihrer Notlage zu helfen, so fanden sie doch diesen Vorschlag zu krass, und sie suchten nicht, ihn zu verwirklichen[7]).

---

[1]) Vgl. Kapregierung an die Siebzehn, 21. Febr. 1787 und 25. Okt. 1791; Mem. der Bürgerräte an die Gen.-Komm. 25. Juni 1792.

[2]) Vgl. die Jahresberichte von 1785 bis 1789.

[3]) Kapregierung an die Siebzehn. 21. Febr. 1787 und 19. Febr. 1788.

[4]) Siebzehn an die Kapregierung. 8. Jan. 1788.

[5]) Kapregierung an die Siebzehn. 3. März 1787.

[6]) Vgl. KKGG. 133ff.

[7]) Ebenda.

Vielleicht hatten sie auch den Kolonisten schon gut genug kennen gelernt, um zu begreifen, daß die Bekanntmachung dieses Erlasses die Autorität der Kompanie am Kap für die weitere Zukunft ernstlich gefährdet haben würde.

Inzwischen waren die Erlasse der Siebzehn in bezug auf Einschränkungen, die Maßnahmen der Kommissare und die neuen Steuern in Kraft getreten, wodurch die schon so schwere Geldnot bis zur Unerträglichkeit gesteigert wurde. Die Ausgaben waren herabgedrückt und die Einnahmen erhöht, so daß die Regierung statt des üblichen Defizits von mehr als einer Million nach 1792 durchschnittlich ein Minus von nur fl. 331344 zu verzeichnen hatte[1]). Die früheren Zustände waren also jetzt in ihr Gegenteil umgeschlagen; dadurch, daß die Anfragen nach Rimessen fürs erste mit unverminderter Häufigkeit einliefen[2]), hatte die Regierung jetzt tatsächlich größere Einkünfte als Ausgaben. Dazu kam noch, daß die Kompanie noch immer Silber ans Kap schicken mußte zur Entlohnung der Beamten und Soldaten[3]). Daraus ergab sich ein ins Auge springender Widerstreit der Interessen der Kompanie mit denen der Kolonisten. Ein großer Vorteil, den das Überweisungssystem mit sich gebracht hatte, indem es zur Deckung des Defizits der Kapregierung diente, war jetzt fortgefallen, denn die Regierung hatte jetzt mehr Geld in ihrer Kasse, als sie benötigte. Überdies mußte das Geld, das am Kap in Noten eingezahlt wurde, in den Niederlanden in Silber ausgezahlt werden. Wohl waren es die eigenen Noten der Kompanie, aber diese war bankrott und konnte es sich nicht mehr leisten, jährlich eine halbe Million Papiergulden gegen Silber einzutauschen; am liebsten hätte sie es gesehen, wenn überhaupt keine Rimessen mehr in den Niederlanden auszuzahlen gewesen wären. Die Kolonisten anderseits und mit ihnen die Regierung drangen darauf, daß die Überweisung in noch größerem Umfange gestattet würde. Noch 1793 schrieben die Generalkommissare, daß die Kompanie als Souverän der Kapkolonie die Verpflichtung habe, die Kolonisten mit den nötigen Waren aus Europa zu versehen und diesen deshalb die Mittel zum Beziehen und Bezahlen ihrer Bedarfsartikel verschaffen müsse[4]), aber die Siebzehn dachten anders darüber. Sie kämpften gegen den drohenden Untergang und ließen darum die Pflichten einer guten Landesmutter ganz

---

[1]) Vgl. die Berichte vom Kap aus diesen Jahren.

[2]) P. R. Res. 20. Juni 1792 und Bürgerräte an die Gen.-Komm. 25. Juni 1792.

[3]) Vgl. Siebzehn an die Kapregierung. 14. Dez. 1792.

[4]) KKGG. 135.

außer acht; die Bitten der Kapregierung und der Kolonisten reizten sie nur zum Zorn. Am 14. Dezember 1792 antworteten sie der Regierung, daß der Wunsch, die Überweisungen noch umfangreicher zu gestalten, durchaus ungerechtfertigt sei; eher müßte die gestattete Summe jetzt, wo die Regierungsausgaben so viel geringer geworden wären, ebenfalls herabgesetzt werden, denn warum sollte so viel überflüssiges Geld nutzlos in Kapstadt liegen? Es wäre ja alles nur Papier, das sonstwo doch unbrauchbar wäre[1])! Ein Jahr später gingen sie sogar noch rücksichtsloser vor und sagten gerade heraus, wie sie über die Interessen der Kolonisten dächten: »'t Is wel te begrypen dat de benoodigdheid der Ingezeetenen tot het doen van remises jaarlyks vermeerderd, maar waar wilde het heen, wanneer de Compagnie na maate van het toeneemen der colonie zich met de toeneemende remises zoude moeten belasten«[2])? So sprachen sie von dem Papiergeld, das sie selbst ausgegeben hatten! Rücksichtsloser konnte eine Obrigkeit nicht alle Verantwortlichkeit für das Wohlergehen ihrer Untertanen ablehnen. Anstatt also dem Drängen nachzugeben, taten die Siebzehn das Gegenteil und erließen 1792 den Befehl, den Betrag der Rimessen von fl. 500000 wieder auf fl. 300000 herabzusetzen[3]). Inzwischen hatten jedoch die Generalkommissare die Summe auf fl. 400000 festgesetzt[4]) und die Kapregierung konnte antworten, daß der Befehl der Siebzehn nicht ausgeführt werden könne, da er in direktem Widerspruch zu der Regelung der Kommissare stünde[5]).

Unter den abnormen Verhältnissen am Kap nach 1791 war jedoch in Wirklichkeit dieses Verhalten der Siebzehn — was diesen aber scheinbar unbekannt blieb — den Kolonisten nicht so ganz unerwünscht. Die große Mehrzahl von ihnen hatte doch nicht genug Geld, um sämtliche Schulden in den Niederlanden begleichen zu können, und hätten die Siebzehn den ganzen Betrag der Überweisungen, die beantragt waren, genehmigt, so wären wahrscheinlich viele der Bittsteller in eine äußerst schwierige Lage geraten. Im Grunde genommen war es ihnen also in diesen Jahren wahrscheinlich lieb, daß die Siebzehn keine Zahlungen in unbeschränkter Höhe zuließen, denn nun konnten sie dem Drängen ihrer Gläubiger immer die wohlbegründete Entschuldigung entgegensetzen, daß die Kompanie es ihnen unmöglich mache, das Geld

---

[1]) Siebzehn an die Kapregierung. 14. Dez. 1792.
[2]) Siebzehn an die Kapregierung. 11. Jan. 1794.
[3]) Siebzehn an die Kapregierung. 14. Dez. 1792.
[4]) Gen.-Komm. an die Kapregierung. 15. März 1793.
[5]) Kapregierung an die Siebzehn. 17. April 1794.

zu überweisen. Es ist darum sehr wahrscheinlich, daß die hohen Beträge, welche in den Gesuchen angegeben waren, zum Teil lediglich als Manöver gegen die Gläubiger dienten, damit diese den Glauben an die Zahlungsfähigkeit ihrer Schuldner nicht verlören[1]).

Wie unerträglich die Verhältnisse seit 1791 geworden waren, machte sich aber noch in einer ganz anders fühlbaren Weise bemerkbar. Silber war, wie wir gesehen haben, aus der Kolonie verschwunden, und nun verschwand das Papiergeld bei der Neuregelung am Kap zwar nicht, aber es floß zurück in die Regierungskasse, so daß der Zeitpunkt schnell näherrücken mußte, wo es vollständig an Zahlungsmitteln fehlen würde. Nur die Regierung konnte Geldscheine ausgeben, aber gerade ihr fehlte es nicht an Geld, sie berechnete sogar, daß sie im August 1793 beinahe zwei Millionen Papiergulden in der Kasse haben müßte. Da nun diese Summe jährlich zunehmen mußte, erteilten die Siebzehn ihr den Befehl, jährlich fl. 300000 der überflüssigen Noten zu vernichten[2]). Die Regierung dachte also gar nicht daran, neues Geld zu drucken, und in folgerichtiger Fortführung ihrer bisherigen Alleinberücksichtigung der eigenen Interessen tat die Kompanie auch nicht das geringste, um die Zahlungsmittelknappheit unter den Kolonisten zu beseitigen, die, wie die Kommissare betonten, schon angefangen hatte, das Wirtschaftsleben der Kolonie zu untergraben. Wie es scheint, verursachte diese Erwägung den Siebzehn keine Kopfschmerzen.

Gleich bei ihrer Ankunft sahen die Generalkommissare ein, wie ernst der Zustand wäre, aber erst im März des folgenden Jahres gelang es ihnen, mit der Begründung der »Bank van Lening« ein Hilfsmittel dagegen anzuwenden. Die Bank war einem Vorstand unterstellt, in dem ein Mitglied des Politischen Rates den Vorsitz führte, und zwei weitere Leute, ein Beamter und ein Kolonist, Beisitzer waren. Sie sollte Geld auf Juwelen, Möbel u. dgl. m. und gegen Hypotheken auf feste Besitztümer ausleihen, bei den kleineren Gegenständen auf 18 Monate, bei den Hypotheken auf 2 Jahre mit der Möglichkeit, diesen Termin zu verlängern. Als Zinsfuß galten 5 vH pro Jahr[3]), wovon vier Fünftel der Regierungskasse zufließen sollten[4]). Das Kapital der Bank sollte ausschließlich aus Noten bestehen ohne jegliche Deckung[5]), und

[1]) Vgl. KKGG. 128 und de Jong, Reizen I, 162.

[2]) Siebzehn an die Kapregierung. 14. Dez. 1792.

[3]) Veröffentlichungen der Gen.-Komm. 15. März und 20. April 1793; KKGG. 812ff.

[4]) KKGG. 831.

[5]) Ebenda 141.

somit tauchte gleich das Problem auf, wie man den Noten ihren nominellen Wert erhalten könne. Wichtiger war unter den in der Kolonie obwaltenden Verhältnissen allerdings die zweite Schwierigkeit, nämlich wie dem vorzubeugen wäre, daß auch dieses Geld in die Schatzkammer der Regierung zurückflösse und damit dieselbe Lage wie vor dem 15. März aufs neue einträte. In beiden Fällen wußten die Generalkommissare einen Ausweg zu finden.

Da die Scheine durch die Regierung ausgegeben waren, hatten sie nur den Namen der Kompanie als Deckung; um nun den Schein zu wahren, als ob die Kompanie wirklich die Mittel besäße, um die Noten einzulösen, wurde von den Kommissaren bestimmt, daß auch in Zukunft die Regierung in beschränktem Maße ihre Zahlungen in Silber entrichten solle, und vor allem solle man sich vor zu großen Notenausgaben hüten[1]). Um das letztere unmöglich zu machen, bestimmten sie ferner, daß der Notenumlauf in der Kapkolonie nicht mehr als eine Million Reichstaler betragen dürfe[2]). In Wirklichkeit hielt man sich an keine der beiden Bestimmungen; so waren bei der Übergabe des Kaps an die Engländer 1795 1291276,42 Reichstaler an Noten im Umlauf[3]). Diese Mehrausgabe von Noten war wiederum unvermeidlich gewesen, zum Teil schon deshalb, weil die Kompanie in den beiden letzten Jahren kein Silber nach dem Kap schicken konnte und sogar die Angestellten der Kompanie einen Teil ihres Gehaltes in Noten erhalten mußten[4]).

Um das Zurückebben des Geldes in die Regierungskasse zu verhüten, erließen die Kommissare neue Verordnungen über die Rimessen. Der Gedankengang war ganz einfach: in Zukunft durfte nur soviel Geld zur Überweisung angenommen werden als der Unterschied zwischen Ausgaben und Gesamteinnahmen der Regierung betrug, wobei die jährliche Silbersendung aus den Niederlanden mit zu den letzteren gerechnet wurde. Auf diese Weise sollte das Gleichgewicht zwischen dem Kassenbestand und den im Umlauf begriffenen Noten erhalten bleiben und eine Anhäufung des Geldes in der Schatzkammer vermieden werden[5]). Da sie das jährliche Defizit der Regierung für die kommenden Jahre auf fl. 400000 schätzten, setzten sie diesen Betrag fest als jährliches Maximum der zur Überweisung in Empfang zu nehmen-

1) Ebenda.
2) Ebenda 142.
3) Sluysken aan de Bewindhebberen. 12. Nov. 1795.
4) Vgl. Sluysken aan de Bewindhebberen. 12. April 1795.
5) KKGG. 115ff.

den Gelder. Die Gehälter der Beamten sollten in Zukunft sämtlich am Kap zur Auszahlung gelangen, und um den Beamten zur Entschädigung dafür entgegen zu kommen, erteilte man ihnen die Berechtigung, ein Viertel der obigen Summe für ihre Rimessen zu beanspruchen[1]).

Was bei diesem Plan sofort auffällt, ist die Tatsache, daß er keineswegs den dringenden Gesuchen der Kolonisten, die größere Zahlungen nach den Niederlanden entrichten wollten, Rechnung trägt, obwohl die Kommissare selbst zugaben, daß der bestimmte Höchstbetrag niedriger angesetzt wäre als er eigentlich von den Kolonisten überwiesen werden könne und müsse[2]). Aber wie schon angedeutet wurde, war der ganze Plan einzig und allein darauf gerichtet, den Kolonisten wieder Zahlungsmittel zu verschaffen, die Rimessen dagegen sahen sie, nach ihrer eigenen Aussage, lediglich als ein Mittel an, um den Unterschied zwischen Ausgaben und Einnahmen der Kapregierung auszugleichen[3]) und nicht als das, was sie wirklich waren, nämlich als einen unentbehrlichen Faktor im Handel. Später, so meinten sie, wenn die Zeiten wieder günstiger geworden wären, könne ja die Regierung wieder größere Summen zur Überweisung nach Holland annehmen[4]). Bis dahin aber — und das entging ihnen oder sie verschwiegen es absichtlich — mußte der Kredit in den Niederlanden den Kolonisten ganz verloren gehen; dies geschah denn in den nächsten Jahren auch wirklich, und daraus erklärt es sich zum Teil, daß die Kolonisten anfingen, mehr und mehr Mangel zu leiden an den allernotwendigsten europäischen Erzeugnissen[5]).

Ein schwerwiegender Nachteil bei der Einrichtung der Bank war es, daß auf diese Weise der größte Teil der Bevölkerung mit der Zeit zu Schuldnern des Staates werden mußte und darum durchaus kein Interesse am Weiterbestehen der Oberhoheit der Kompanie haben konnte, sondern eher an ihrer Auflösung. Schon 1788 schilderten die Siebzehn einen solchen Zustand als ganz verwerflich[6]), und auch die Kommissare selber fühlten sehr wohl, wieviel gegen ihr System einzuwenden sei, aber sie glaubten, daß in diesem Falle die etwaigen Empfindungen einer Anzahl von

---

[1]) KKGG. 119ff.

[2]) Ebenda 128.

[3]) Ebenda 118.

[4]) Ebenda 119ff.

[5]) Vgl. Sluysken aan de Bewindhebberen. 12. April 1795.

[6]) Siebzehn an die Kapregierung. 31. Dez. 1788. Die Regierung hatte gebeten, man möge ihr, im Hinblick auf zukünftige Kriege, eine Million Silbergulden für ihre Kasse zuschicken; sie wolle auch, damit das Geld Zinsen trüge, Geldnoten im gleichen Betrage verausgaben.

Schuldnern nicht in die Wage fallen könnten gegen das Interesse der Allgemeinheit an der Erhaltung der Kompanie, deren Namen allein dem Gelde, das in der Kolonie umlief, Wert verlieh und mit deren Untergang auch die Noten zu wertlosem Papier wurden[1]).

Wie zahlreich nun auch die Nachteile dieser Einrichtung waren — und in der Praxis machten sich später wirklich ernstliche Nachteile fühlbar[2]) — so war es doch unumgänglich notwendig, den Kolonisten auf irgendwelche Weise Zahlungsmittel zu verschaffen, wenn nicht die ganze Wirtschaftsgemeinschaft zugrunde gehen sollte. Geld hatte die Kompanie nicht, und so bot eine solche Bank, deren Kapital in Papiergeld bestand, unter den gegebenen Umständen die einzige Lösung, wenn auch ganz gewiß keine, die eine lange Zukunft vor sich hatte, aber für die allernächste Zeit bedeutete sie doch eine Erleichterung. Es war dies die einzige Segnung, die der Besuch der Kommissare für die Kolonisten mit sich brachte, und diese säumten denn auch nicht, ausgiebigen Gebrauch davon zu machen, schon zwei Jahre später waren die Bankschulden der Kolonisten auf fl. 1484157 gestiegen[3]).

IX. Kapitel.

Maßnahmen zur Hebung des Wirtschaftslebens.

A. Maßnahmen von 1785 bis 1792.

»Van dit tijdstip af is het Bestuur der Compagnie in een geduurigen stryd met de werkingen der Natuur in deeze Bezitting gebleeven«, so charakterisiert G. K. van Hogendorp[4]) die Wirtschaftspolitik der Kompanie, wobei er jene Zeit als Ausgangspunkt nimmt, in der die Erfrischungsstation anfing, mehr zu produzieren, als die Kompanie als alleiniger Abnehmer gebrauchen konnte. Aber es ist kaum angängig, diesen Vorgang einen Kampf

---

[1]) KKGG. 118. 1797 vertritt Gouverneur Lord Macartney folgende Anschauung: »here where so many of the subjects are debtors to Government, a total subversion of all gouvernment is said to be looked to by a great number as a desirable event — a way of getting rid of their debts« (Rec. II, 189), aber der Grund für diese Worte ist wahrscheinlich kein anderer als seine große Furcht vor allem, und sein fanatischer Haß gegen alles, was auch nur im entferntesten an Jakobinertum erinnerte.

[2]) Vgl. Caledon to Castlereagh, 16. Okt. 1809. (Rec. VII, 180ff.)

[3]) Sluysken aan de Bewindhebberen. 12. April 1795.

[4]) Verhandelingen 91.

zu nennen, wohl griff die Natur an, die Kompanie jedoch blieb ganz untätig; für alle Klagen der Kolonisten hatte sie nur taube Ohren, wenn man jenen kurzen Zeitabschnitt in der Mitte des 18. Jahrhunderts ausnimmt; und auch zu dieser Zeit war der Gedanke, daß man den Kolonisten wirtschaftlich selbständig machen müsse, nicht über das Stadium des Erwogenwerdens hinausgekommen[1]). Die Kompanie führte zwar, größtenteils für ihren eigenen Bedarf im Osten, jährlich eine gewisse Menge von Produktionsgütern aus: Getreide, Hülsenfrüchte, Wein und Butter, und für ihren Handel in Europa: Aloe, etwas Constantia-Wein und ein klein wenig Elfenbein[2]); aber das war alles viel zu geringfügig, um den Bauern ein wirkliches Absatzgebiet für ihre Produktion zu schaffen. Dieser Zustand wurde um so unhaltbarer, je mehr die Kolonie an Ausdehnung gewann, und es mußte eine Abhilfe geschaffen werden. 1781 sprach es der Gouverneur van Plettenberg offen aus, daß die Umstände jetzt erforderten, daß die Kompanie entweder den ganzen Handel, auch in kapländischen Produkten, übernähme oder den Kolonisten erlaube, selbst freien Handel zu treiben[3]). Einige Jahre später erklärte eine Anzahl Kolonisten, die der Kompanie wohlwollten, den Siebzehn in klaren Worten, daß die »Constitusie selve deeser colonie« die Wurzel allen Übels sei, da sie nicht mehr geeignet sei für die ganz und gar veränderte Lage[4]). Nun mußten auch die Siebzehn selbst es endlich zugeben, daß die alte Organisation nicht mehr genüge[5]); aber die Kompanie war längst über das Stadium hinaus, wo man noch die Einführung durchgreifender Neuerungen in ihrem politischen System von ihr erwarten konnte, das Beste, wozu sie sich aufraffen konnte, blieb doch immer dürftiges Flickwerk. 1785 teilten die Siebzehn ihre neuen Pläne mit; in Zukunft würde die Kompanie die ganze Überproduktion des Landes aufkaufen und auf eigene Rechnung exportieren, noch in diesem Jahre wollten sie Schiffe zum Kap schicken, um die Produkte zu verfrachten. Es war jedoch keineswegs der Zweck dieser Maßnahme, den Kolonisten damit einen, den Ansprüchen der wachsenden ländlichen Bevölkerung genügenden neuen Markt für ihre Produkte zu erschließen und somit die Landwirtschaft zu einem lohnenden Gewerbe zu machen. Ganz im Gegenteil, eine gemischte Kommission aus Beamten und Kolonisten, welche

[1]) Vgl. de Mist, Memorie 16ff.

[2]) Vgl. die jährlichen Angaben der Regierung.

[3]) Missive an die Siebzehn. 20. März 1781.

[4]) Memorie van J. M. Cruywagen e. a. 14. Febr. 1784.

[5]) Vgl. Missive der Kammer van Zeeland an die Kapregierung. 25. Juli 1785.

den Einkaufspreis bestimmen sollte, wurde beauftragt, bei der Erledigung ihrer Aufgabe als Richtschnur diesen Grundsatz anzuwenden, daß die Maßregeln nur dazu dienen sollte, die Bauern vorm Untergang zu retten, dadurch, daß man ihnen die unverkäufliche Ware abnähme[1]). Es war also vorauszusehen, daß die Festsetzung des Preises zu unüberbrückbaren Gegensätzen zwischen den Beamten der Kompanie einerseits und den Vertretern der Bauern anderseits führen mußte.

Aber auch aus anderen Gründen war der Plan von Anfang an ein Fehlschlag. Die ganze Organisation, die dem Handelswesen der Kompanie zugrunde lag, machte ein Gelingen unmöglich; der Handel der Kompanie war darauf eingestellt, kleine Mengen von ganz besonders wertvollen Waren aus Indien auf den Markt zu bringen, deren Preise so hoch waren, daß auch bedeutende Kosten noch immer einen erheblichen Reingewinn zurückließen. Wie konnte die Kompanie da ohne Verlust in Getreide und Kapwein handeln, beides Artikel, deren Fracht- und Lagerkosten verhältnismäßig hoch und deren Preise verhältnismäßig niedrig waren[2])? Noch unmöglicher wurde dieser Handel dadurch, daß kapländische Beamte damit betraut wurden, von deren Wirken wir uns eine gute Vorstellung machen können nach dem, was wir bereits über sie erfahren haben[3]).

Auch noch andere Schwierigkeiten wirkten mit, um den Plan zum Scheitern zu bringen. Die Kompanie schickte sofort ein Schiff nach dem Kap, um die Produkte abzuholen — — — und die Regierung schickte es weiter nach Batavia, weil in Kapstadt keine Ladung bereit lag[4])! Das Schiff kam nämlich gerade mitten in einer bösen Trockenzeit an, als die Kolonie sogar für den eigenen Bedarf nicht genug Getreide hatte. Aber anderseits war großer Überfluß an Wein da, und die Bauern wußten nicht wohin damit. Die Regierung suchte ihre merkwürdige Handlung den Siebzehn gegenüber damit zu rechtfertigen, daß sie vorgab, seit dem Kriege herrsche solcher Mangel an Fässern in der Kapkolonie, daß es unmöglich gewesen wäre, den Wein zu exportieren[5]). Sie vermochte aber nicht, sich mit dieser Behauptung vor den Siebzehn von aller Schuld reinzuwaschen, schon deshalb nicht, weil noch 1785 so wenig Mangel an Fässern gewesen war, daß die Regierung es nicht für nötig befunden hatte, bei den Bestellungen für das

[1]) Ebenda.

[2]) Vgl. G. K. van Hogendorp, Verhandelingen 92; Kammer von Amsterdam an die Kapregierung. 23. Okt. 1789.

[3]) Vgl. auch de Mist, Memorie 17ff.

[4]) Kapregierung an die Siebzehn. 22. März 1786.

[5]) Ebenda.

nächste Jahr auch nur ein einziges Faß anzufordern[1]). Wie dem auch sei, sehr ernst faßte die Regierung den Plan der Kompanie jedenfalls nicht auf, denn erst im Januar 1787 wandte sie sich an den Speicher- und an den Kellermeister, um deren Vortrag darüber zu hören, ob sich dieser Plan wohl auch ausführen ließe. Beide wiesen darauf hin, daß die Lagerräume in Kapstadt nicht dazu ausreichten, und der Kellermeister führte wiederum den Mangel an Fässern als Gegengrund an[2]). Obgleich man beschloß, für Packhäuser und Fässer zu sorgen, konnte die Regierung doch noch neun Monate später wegen dieser Schwierigkeiten keinen Wein von den Bauern in Empfang nehmen[3]). Schon jetzt war es klar, daß das ganze Unternehmen verfehlt war; die nächsten Jahre brachten keinen Überschuß an Getreide, und am Wein hatte die Kompanie inzwischen alles Interesse verloren, weil der Handel damit doch keinen rechten Profit brachte[4]).

Die Weinernte war jedoch in all den Jahren eine gute gewesen, und darum wurde es zu einer brennenden Frage: Wohin mit dem Wein?

Erst gestattete die Regierung, auf eigene Verantwortung hin, den Kolonisten, ihren Wein nach den Niederlanden einzuschiffen gegen Entrichtung eines gewissen Frachtgeldes, so oft ein nicht vollgeladenes Schiff der Kompanie Kapstadt ansegelte[5]). Später, 1789, beauftragten die Siebzehn selbst die Kapregierung, den Kolonisten die Erlaubnis zu erteilen, mit allen Schiffen, die nicht voll geladen wären, Wein nach den Niederlanden zu versenden gegen ein Frachtgeld von fl. 20 pro Legger[6]).

Zu derselben Zeit ging die Kompanie auf einen Vorschlag der Kapregierung ein und bot den Kolonisten an, europäische Waren als Frachtgut auf ihren Schiffen für sie mitzuführen gegen ein Entgelt von 45 vH des Wertes der betreffenden Güter[7]), aber da die Kolonisten in jener Zeit noch so viel Waren, als sie nötig hatten, ohne alle Schwierigkeiten und ohne irgendwelche Zahlungen an die Kompanie durch die Schiffsoffiziere bekommen konnten, so ist es nur zu begreiflich, daß sie dieses Angebot ablehnten[8]).

---

[1]) Siebzehn an die Kapregierung. 8. Jan. 1788 und 4. Jan. 1791.

[2]) P. R. Res. 17. Jan. 1787.

[3]) P. R. Res. 25. Sept. 1787.

[4]) Kammer von Amsterdam an die Kapregierung. 23. Okt. 1789.

[5]) Vgl. P. R. Res. 25. Sept. und 4. Okt. 1787, 14. Mai 1788.

[6]) Siebzehn an die Kapregierung, 29. April 1789; Kammer von Amsterdam an die Kapregierung, 23. Okt. 1789.

[7]) Kapregierung an die Siebzehn, 19. April 1786; Siebzehn an die Kapregierung, 23. Okt. 1789.

[8]) Vgl. Kapregierung an die Siebzehn. 19. Nov. 1790.

Inzwischen war der finanzielle Niedergang der Kompanie in den Niederlanden kein Geheimnis geblieben, und in den achtziger Jahren beschäftigten sowohl ihre Feinde als auch die ihr Wohlgesinnten sich mit Vorliebe mit der kritischen Beurteilung ihrer Lage. Besonders scharf waren die Angriffe gegen ihre Politik, die darauf ausging, nicht nur in ihren speziellen Handelsartikeln, sondern in allem das Monopol sich selbst zu erhalten, was um so verwerflicher sei, da es erwiesen wäre, daß diese sich in der Praxis nicht durchführen lasse, sondern zu so großzügigem Betrug geführt habe, und daß die Kompanie durch Handel dieser Art tatsächlich Verluste erlitte[1]). Besonders van Braam Houckgeest betonte immer wieder, daß es notwendig sei, die Politik der Kompanie dem Kap gegenüber zu reformieren, denn er war überzeugt, daß das Verbot gegen den freien Handel die Hauptursache der Unzufriedenheit unter den Kolonisten war[2]).

Unter diesem Druck von außen her entschlossen die Siebzehn sich endlich, im Jahre 1791, ihr Monopol im Handel mit den meisten europäischen und Kolonialwaren fahren zu lassen und sich auf den Handel in den kostbaren Produkten des Ostens zu beschränken[3]). Bei diesem neuen System konnten von nun an die Kolonisten am Kap alles, was sie benötigten, aus den Niederlanden bestellen und es als Frachtgut mit den Schiffen der Kompanie kommen lassen, was natürlich lange nicht so vorteilhaft war wie der frühere Schleichhandel. Allerdings konnten sie nun auch in derselben Weise ihre Überproduktion nach Europa einschiffen.

Freilich wollte die Kompanie sich auch jetzt noch nicht dazu verstehen, den Kolonisten völlige Handelsfreiheit zu gestatten; die Produkte wurden in den Niederlanden von der Kompanie in Empfang genommen und dann erst bei ihrer üblichen Versteigerung am Ende des Jahres, die für ganz andersartige Waren bestimmt war, mit verkauft. Nach Abzug der Lagerkosten und einer Steuer, welche die Kompanie als Herrin des Kaps beanspruchte, wurde der Restbetrag dem Vertreter des Absenders ausgehändigt[4]). Außerdem waren die Frachtsätze so hoch — fl. 95 für eine »Last« (= 27 Mud) Getreide und fl. 32 für ein Legger

[1]) Vgl. Titsingh, Consideratien; F. W. Boers, Memorie van Aanteekeningen of Consideratien over de Oorzaken der veragtering van de Oost-Indische Compagnie en de Middelen ter verbetering van dezelve; Staat I, 69ff.

[2]) A. E. van Braam Houckgeest, »Bedenking«, en »Gedagten en Consideratien«.

[3]) Res. der Siebzehn. 29. März 1791.

[4]) Ebenda.

Wein — daß auf diesem Wege für die Kolonisten kein Gewinn zu erzielen war. Aber selbst wenn die Frachtsätze billiger gewesen wären, so hätte das doch den Bauern in den letzten Jahren unter dem Regiment der Kompanie wenig genutzt, denn aus dem ursprünglichen Plan, besondere Schiffe für den Handel der Kapkolonie mit den Niederlanden verfügbar zu machen, war nichts geworden. Die wenigen Schiffe dagegen, die nach 1793 noch von Indien nach den Niederlanden segelten, waren so schwer mit den dortigen Produkten geladen, daß für Wein und Getreide aus der Kolonie kein Raum mehr zu haben war[1]). Die ersten schwachen Versuche, den Kolonisten entgegenzukommen, brachten also nur sehr wenig oder gar keine Erleichterung.

B. Maßnahmen der Generalkommissare.

Die Lage der Dinge, wie sie sich den Kommissaren bei ihrer Ankunft darstellte, war genugsamer Beweis dafür, daß alle früher von der Kompanie angeordneten Maßregeln, die dazu dienen sollten, die Überproduktion der Bauern unterzubringen, vollständig erfolglos geblieben waren; aber daneben brachte sie es den Kommissaren auch zum Bewußtsein, daß es jetzt endlich, nachdem die Siebzehn, und sie selber auch, Reformen und Sparsamkeitsmaßnahmen in der Verwaltung des Kaps durchgeführt hatten, an der Zeit sei, den Kolonisten und deren Wirtschaftsleben in ganz anderer Weise als bisher entgegenzukommen[2]). In ihrer Programmrede, die sie vor dem Politischen Rate hielten, erklärten sie, daß die Interessen der Kolonisten nicht von denen der Kompanie zu trennen wären, und daß sie deshalb mit demselben Eifer für das Wohl der Kolonisten wirken wollten wie für das der Kompanie, »wy verlangen hun geluk en zullen al wat mooglyk is toebrengen om hetzelve te bevorderen«.[3]) Diese Maßnahmen, welche sie getroffen hatten, um die Ausgaben der Kompanie herabzudrücken und um die Einkünfte zu vermehren, hatten, wie wir das schon gesehen haben, die Lage der Kolonisten noch trostloser gestaltet als je.

Nun hatten sie diese Neuerungen eingeführt in der Voraussetzung oder wenigstens mit der Begründung den Kolonisten gegenüber, daß die Vorrechte, die ihnen neuerdings bewilligt wären, es diesen ermöglichen würden, nicht nur die neuen Lasten zu tragen und den Verlust ihrer alten Einnahmequellen zu verschmerzen, sondern auch ein glückliches und zufriedenes Leben

---

[1]) Vgl. Sluysken aan de Bewindhebberen. 12. April 1795.

[2]) Vgl. KKGG. 28/29, 55, 427/33.

[3]) P. R. Res. 23. Juni 1792.

unter der Regierung der Kompanie zu führen. Ein endgültiges Urteil über die Tätigkeit dieser Bevollmächtigten der Kompanie im Interesse der Kolonie im Vergleich zu ihrem Handeln im Interesse der Kompanie können wir uns also erst dann erlauben, wenn wir uns darüber unterrichtet haben, was sie taten, um den Handel der Kolonisten aus den drückenden Fesseln zu befreien, die jede aussichtsreiche Entwicklung der Landwirtschaft von vornherein unmöglich machten.

Die Erlaubnis, sich durch Schiffe der Kompanie Waren aus den Niederlanden zu bestellen und auf demselben Wege ihre Produkte dorthin zu exportieren, war den Kolonisten schon durch die Siebzehn erteilt worden, und deshalb sahen die Kommissare in dieser Hinsicht das Problem als erledigt an, eine Ermäßigung der zu hohen Frachtsätze war kaum von ihnen zu erwarten, und so beschränkten sie sich darauf, es zu befürworten, daß die kapländischen Produkte gleich nach der Ausschiffung in den Niederlanden den Vertretern der Kolonisten zum Verkauf übergeben werden sollten, statt daß die Kompanie diese, wie bisher, selber verkaufe[1]). Schon die Siebzehn hatten die Kommissare auf zwei zu erwägende Maßnahmen hingewiesen, die den Kolonisten möglicherweise Erleichterung verschaffen könnten, und trotz ihrer Prüfung der Verhältnisse an Ort und Stelle entdeckten die Kommissare selber keine weiteren Mittel, um der Notlage in der Kapkolonie abzuhelfen. Sie hielten sich also ganz an die Instruktionen der Siebzehn, als sie den Walfischfang für die Kolonisten freigaben und ihnen gestatteten, mit eigenen Schiffen Handel zu treiben in gewissen Teilen des Ostens[2]).

Da man am Kap immer hatte zusehen müssen, wie viel englische und amerikanische Schiffe jährlich durch den Walfischfang an die südafrikanische Küste gelockt wurden, so traten beide, die Kapregierung und die Bürgerräte, mit Begeisterung für den Plan der Kommissare ein, durch den dieser reiche Einnahmequell nun auch den Kolonisten zugänglich werden sollte[3]). Als nun aber die Kommissare daran gingen ihnen den Plan im einzelnen auseinander zu setzen, da zeigte es sich, wie weit ihre Anschauungen und die der Kolonisten, die in dieser Sache die Regierung ganz auf ihrer Seite hatten, in Wirklichkeit auseinander gingen. Die Kolonisten beanspruchten das Recht, sich Schiffe zu kaufen, wo immer die Gelegenheit sich ihnen bot, und die Mannschaft dazu auf solchen Schiffen der

[1]) KKGG. 99.
[2]) Vgl. S. C. Nederburgh, Echte Stukken 135 ff.
[3]) Vgl. Kapregierung an die Gen.-Komm. 31. Juli 1792.

Kompanie zu werben, die überzählige Matrosen an Bord hatten; den Tran wollten sie in eigenen Schiffen nach Europa ausführen und, wenn Schiffe zur Reparatur nach den Niederlanden segeln müßten, so sollten sie kapländische Produkte als Fracht führen[1]). Die Regierung stimmte diesen Vorschlägen bei und fügte noch hinzu, daß der Fang nicht auf Tafelbai beschränkt werden dürfe, sondern auch noch in den übrigen Buchten zu betreiben sei[2]). Die Kommissare dagegen hatten bestimmt, daß die Schiffe nur von den Niederlanden zu kaufen seien, und erst auf das Drängen der anderen änderten sie diese Bestimmung dahin ab, daß die Regierung nach dem ersten Jahre auch den Kauf fremder Schiffe gestatten dürfe, falls sich das als notwendig erweisen sollte[3]). Auch konnten sie sich der Tatsache nicht verschließen, daß nur kleinere Reparaturen am Kap möglich wären, und konnten deshalb nicht umhin, zu erlauben, daß schadhafte Schiffe, die zur Ausbesserung notgedrungen nach den Niederlanden fahren müßten — aber auch nur solche und keine anderen — Kapprodukte mitnehmen und europäische Waren zurückbringen dürften. An diese Fahrten knüpften sich jedoch ganze strenge Bedingungen: die Schiffe sollten auf Risiko des Eigentümers ihre Fahrt nach den Niederlanden, gemäß den für die Mietsschiffe der Kompanie geltenden Bestimmungen, einrichten, d. h. der Eigentümer durfte nur im äußersten Notfall einen nicht auf der Reiseroute vorgesehenen Hafen anlaufen; seine Fracht durfte er nirgends anderswo verkaufen, und wenn ihm noch so vorteilhafte Bedingungen geboten würden — und ebenso wenig durfte er für einen anderen Hafen eine neue Ladung einnehmen[4]). Bei der Ankunft in dem niederländischen Hafen mußte die Fracht dann der Kompanie abgeliefert werden, damit diese den Verkauf regele. Es war denn auch keineswegs die Absicht der Kommissare, damit den Kolonisten den freien Handel mit Europa oder auch nur mit den Niederlanden zu erschließen, wahrscheinlich weil dann das Alleinrecht der Kompanie, Waren zwischen Kapstadt und den Niederlanden als Fracht zu führen, geschädigt worden wäre, sondern es war lediglich ein Entgegenkommen, wenn sie dem Eigentümer erlaubten, die ausbesserungsbedürftigen Schiffe mit Gütern statt mit wertlosem Ballast zu laden.

---

[1]) Pro-Memorie der Bürgerräte. (KKGG., Beilage 4.)

[2]) Kapregierung an die Gen.-Komm. 15. Sept. 1792.

[3]) Vgl. KKGG. 58ff. und das Gesetz vom 21. Sept. 1792 über das Verhalten der Gen.-Komm. und ihre Beschlüsse in Sache des Walfischfanges.

[4]) Vgl. de Jong, Reizen I, 158ff.

Nur in diesen zwei Punkten machten die Kommissare irgendwelche Zugeständnisse. Sie mußten daneben auch noch die Ausfuhr von Fischbein nach den Niederlanden verbieten, da das gesetzlich bestätigte Alleinrecht des Vertriebs von Fischbein in den Niederlanden den dortigen Fischereien gehörte, aber sie befürworteten es gleichzeitig, daß die Siebzehn sich bei den Staaten-Generaal für die Aufhebung des Verbotes im Interesse der Kolonisten verwenden sollten.

In den Instruktionen, welche die Siebzehn den Generalkommissaren erteilt hatten, war bestimmt, daß eigene Schiffahrt den Kolonisten nur unter der Bedingung zugestanden werden solle, daß die Hälfte der Bemannung sich aus Kolonisten zusammensetze, denn es war ja mit Zweck des ganzen Planes, den Kolonisten in dieser Weise neue Existenzmöglichkeiten zu bieten. Die Kommissare wollten sich demgemäß unter keinen Umständen dazu verstehen, daß weniger als ein Drittel der Mannschaft Kapländer sein sollten. Dabei ließen sie scheinbar außer acht — was bei einem Kapitän zur See und einem langjährigen Geschäftsleiter einer überseeischen Handelsgesellschaft sehr befremdet — daß die Kolonie seit ihrem Entstehen keine eigene Schiffahrt, auch nicht in dem kleinsten Umfange, gekannt hatte, und daß es deshalb einige Zeit erfordern würde, ehe sich eine seefahrende Bevölkerung herausbilden konnte. Außerdem gab es in Kapstadt mit seiner weißen Bevölkerung von nur wenigen Tausenden keine Arbeiterklasse, sondern nur Händler, die an Wohlleben gewöhnt waren, während die ländliche Bevölkerung ganz gewiß alle Entbehrungen und Gefahren im Leben des Viehbauern den Mühsalen des Seemannslebens bei weitem vorzog.

Ganz besonders aber prallten die Interessen der Kompanie und die der Kolonisten aufeinander, als die Kolonisten das Recht forderten, an der ganzen Küste dem Walfischfang nachzugehen. Die Forderung war um so gerechtfertigter, als dort seit langer Zeit Scharen von Fremden dem Walfischfang oblagen, und die Kommissare gaben selbst zu, daß die Kolonisten den Ertrag ihres Fischfanges immer mit großem Vorteil an Kapstädter oder an Fremde würden verkaufen können, wenn sie sich in den Buchten längs der Küste ansiedelten[1]). Hier lag also die Möglichkeit vor, wenigstens für einen gewissen Bruchteil der Bevölkerung in ganz einfacher Weise einen neuen Erwerbszweig zu schaffen, der um so wichtiger war, als man durch ihn allmählich eine seefahrende Bevölkerung heranziehen konnte; auch hätten diese Fischerstationen, wenigstens längs der Südküste, sich zu neuen Handels-

[1]) KKGG. 66.

zentren entwickeln können, womit wiederum ein anderer Teil der Bauern, nämlich die Viehbauern, einen Markt gefunden hätten. Aber gerade darum weigerten sich die Kommissare, den Wünschen der Kolonisten nachzukommen. Die Gegengründe, die sie anführten, waren eines gewesenen ersten Advokaten der Kompanie würdig; es waren dieselben alten Grundsätze, nach denen die Kompanie immer gehandelt hatte, sobald sich unter den Kolonisten die Neigung zu Neusiedlungen gezeigt hatte. Sie lauteten wie folgt: Es wird bei der großen Entfernung der meisten Buchten nicht möglich sein, diese Siedlungen von Kapstadt aus zu verwalten; infolgedessen wird ein unerlaubter Handel dort aufblühen, es kann zur Bildung von größeren Niederlassungen führen, die schwere Verwaltungskosten mit sich bringen und es erschweren, das Land gegen feindliche Angriffe zu verteidigen. Deshalb gestatten die Interessen der Kompanie »eine solche Ausdehnung des Unternehmens nicht und nur in Tafelbai und Falsbai darf mit kleinen Fahrzeugen gefischt werden«, »in welken beiden, onmiddelyk onder het oog der Regeeringe geleegen, tegens alle excessen en misbruyken met effect kan worden gewaakt«[1]).

Das zweite Hilfsmittel, das die Generalkommissare anwenden wollten, die sog. freie Fahrt nach Indien, war etwas, was die Kolonisten schon viele Jahre lang sich gewünscht hatten, ohne damit jedoch durchzudringen, da von zuständiger Stelle der Bescheid kam, daß es die Interessen der Kompanie schädigen würde[2]). Die Kommissare vertraten nun die Auffassung, daß die Nachteile, die der Kompanie erwachsen könnten, leicht zu vermeiden wären und daß anderseits gerade hier den Kolonisten das wirksamste Mittel geboten werden könne, sich aus ihrer wirtschaftlichen Notlage aufzuraffen. Die Schiffahrt sollte für einen Teil als Broterwerb dienen, dem Bauer seine Überproduktion abnehmen, um sie gegen einen angemessenen Gewinn in Indien abzusetzen, und schließlich sollte dadurch der größte Teil der benötigten ausländischen Waren aus Indien herbeigeschafft werden. Weil dann die Bauern selber die Frucht ihrer Arbeit ernten würden, so schlossen die Kommissare weiter, würden sie auch anfangen weitere Produkte anzubauen und sich vor allem bemühen, die Qualität ihres Weines zu heben[3]).

So gaben die Generalkommissare der Bevölkerung bekannt, daß es ihr gestattet sei, mit eigenen Schiffen — für Ankauf, Bemannung und Reparatur der Schiffe galten dieselben Bedin-

---

[1]) KKGG. I, 66.
[2]) Vgl. KKGG. I, 86.
[3]) Ebenda 85ff.

gungen wie für die Fahrzeuge zum Walfischfang — Handel zu treiben mit einzelnen indischen Gebieten, den Häfen Afrikas südlich des 30.° S., den Inseln östlich von Südafrika und mit St. Helena. Im Osten sollte dieser Handel fast nur auf Batavia beschränkt werden, wo die Kolonisten ihre Produkte absetzen und dafür Waren von dort für das Kap einkaufen durften, mit Ausnahme natürlich jener Artikel, deren Handel die Kompanie sich selbst vorbehalten hatte. Die Fahrt nach St. Helena war nur unter der ausdrücklichen Bedingung erlaubt, daß von dort keinerlei Ware importiert werden dürfe; die Produkte mußten dort gegen Bargeld verkauft werden, um so für den Sklavenhandel mit Madagaskar die Mittel zu gewinnen[1]).

Da die Fahrt nach China nicht erlaubt war, so schlugen die Kommissare den Siebzehn vor, den Kolonisten zu gestatten, sich chinesische Waren als Frachtgut auf Schiffen der Kompanie kommen zu lassen[2]). Die Siebzehn lehnten das jedoch ab mit der Begründung, daß solche Waren für die Kolonisten auch in Batavia zu haben wären[3]). Außerdem überließ die Kompanie noch den Kolonisten den Transport des Weizens aus Mosselbai und des Holzes aus Plettenbergsbai nach Kapstadt[4]). Wichtiger wäre es freilich gewesen, wenn die Kommissare sich dazu hätten verstehen können, dem Vorschlag der Kapregierung nachzukommen und den Kolonisten zu erlauben, die aus den Niederlanden als Frachtgut eingetroffenen Waren nach jenen Buchten weiter zu schaffen; denn dadurch hätten die weit vom Kap wohnenden Bauern eine Verkehrsmöglichkeit gewonnen, die ihnen die lästige lange Reise nach Kapstadt erspart hätte. Wahrscheinlich hätten diese sich dann auch dazu entschlossen, ihre Produktion reichhaltiger zu gestalten, während die Weinbauern anderseits dort einen neuen Markt gefunden hätten[5]). Aber das war ja alles nur dann wirklich möglich, wenn an jenen Buchten Niederlassungen entstanden, und gerade dieses wollten die Generalkommissare, wie wir gesehen haben, unter allen Umständen verhindern. Die Gefahr, daß die Fahrt nach Indien zu einem Schleichhandel in Monopolware führen könne, wußten die Kommissare dadurch zu vermeiden, daß sie den Handel sozusagen nur auf Batavia beschränkten und in Kapstadt ein zweckmäßiges Zollsystem einführten. Im Falle, daß die Schiffahrt der Kolonisten sich günstig

---

[1]) Proklamation der Gen.-Komm., 21. Nov. 1792; KKGG. 91 ff.
[2]) Ebenda 428.
[3]) Siebzehn an die Kapregierung. 6. Okt. 1795.
[4]) Proklamation der Gen.-Komm. 21. Nov. 1792.
[5]) Vgl. Mem. der Kapregierung. 12. Okt. 1792.

entwickelte, lag aber noch eine zweite Gefahr vor. Die geographische Lage des Kaps war nämlich eine so günstige, daß die Versuchung naheliegen mußte, dort indische Waren aufzuspeichern, um sie fremden Nationen zu verkaufen, die es vielleicht vorteilhafter finden würden, ihre Waren von den Kolonisten zu beziehen als von der Kompanie in den Niederlanden, was dem niederländischen Handel natürlich sehr zum Nachteil gereichen mußte[1]). Deshalb erließen die Kommissare ein Verbot gegen alle Wiederausfuhr von indischen Waren, in besonderen Fällen durfte jedoch die Erlaubnis eingeholt werden, solche Waren als Frachtgut mit Schiffen der Kompanie oder in eigenen ausbesserungsbedürftigen Schiffen nach den Niederlanden weiter zu befördern[2]). Übrigens wurde in dem hierauf bezüglichen Gesetz nicht der wirkliche Gegengrund, sondern nur ein Scheingrund angeführt, nämlich, daß freie Wiederausfuhr leicht wieder zu einem Mangel an indischer Ware in der Kapkolonie führen könne, während der Handel mit dem Osten doch auch gerade dazu bestimmt sei, dieser Gefahr vorzubeugen.

Nun dachten die Generalkommissare, daß es an der Zeit wäre, den Feldzug gegen den gesetzwidrigen Handel zu Ende zu führen. Nach den schon getroffenen strengen Maßnahmen gegen den Schmuggelbetrieb auf den Schiffen der Kompanie kam es freilich nicht mehr wie ein unerwarteter schwerer Schlag, als sie am selben Tage, als die freie Fahrt proklamiert wurde, den Kolonisten bei schwerer Strafe verboten, irgend etwas aus Schiffen in Empfang zu nehmen, außer jenen Waren, die ordnungsgemäß als Frachtgut gekommen waren[3]). Am selben Tage aber gaben sie noch weiter bekannt, daß es den Kolonisten ebenfalls bei schwerer Strafe verboten sei, irgendwelche Waren, außer Schiffsmaterial, Eisen und Schmiedekohle, von fremden Schiffen zu kaufen[4]). Dies geschah wiederum auf Wunsch der Siebzehn, die schon am 22. Dezember 1791, also kurz nachdem es den Kolonisten erlaubt worden war, sich aus den Niederlanden Waren als Frachtgut auf Schiffen der Kompanie kommen zu lassen, allen ferneren Handel mit Schiffen fremder Nationen untersagt hatten[5]). Der Grund, den die Siebzehn später als maßgebend für diesen Schritt bezeichneten, war ihr Wunsch, die Kolonisten dazu zu bewegen,

---

[1]) KKGG. 88.

[2]) Gesetz vom 20. Nov. 1792.

[3]) Veröffentlichung der Gen.-Komm. 21. Nov. 1792.

[4]) Veröffentlichung der Gen.-Komm. über den Handel mit fremden Schiffen. 21. Nov. 1792.

[5]) Siebzehn an die Kapregierung. 22. Dez. 1791.

ihren Bedarf an ausländischen Waren durch Vermittlung der Kompanie zu beziehen[1]). Anderseits wußten sie sehr wohl, eine wie wichtige Rolle die fremden Schiffe als Abnehmer der Kapprodukte spielten, denn die Regierung hatte ihnen, besonders in der zweiten Hälfte des Jahrhunderts, wiederholt darüber berichtet, so daß es schwer ist, diesen folgenschweren Beschluß zu verstehen. Noch schwieriger ist es indessen, diese Bekanntmachung der Kommissare zu begreifen, denn der Befehl der Siebzehn war für sie nicht ohne weiteres bindend; sie waren von den Siebzehn mit unbeschränkter Vollmacht ausgerüstet und daraus, daß sie öfters von ihren Instruktionen abwichen, ist es ersichtlich, daß sie selber diese nicht als unter allen Umständen bindend ansahen. Was dagegen die Kolonisten betraf, so hatten sie doch selbst zugegeben, daß deren Lage trostlos sei, und hatten es als ihre Pflicht anerkannt, ihnen neue Erwerbsmöglichkeiten zu sichern und Absatzgebiete für ihre Produkte zu verschaffen. Sie sahen selber ein, daß ein solches Handelsverbot nicht ganz wörtlich zu nehmen sei, und fügten deshalb der Bekanntmachung eine Erklärung bei, wonach das Verbot nur die Einfuhr solcher Waren, die für den Weiterverkauf bestimmt waren, betraf, nicht aber kleinere Mengen für den eigenen Gebrauch des Einkäufers[2]). Aus demselben Grunde war auch die Einfuhr der oben bereits erwähnten Waren gestattet. In Zukunft sollten dementsprechend alle anderen europäischen Waren als Frachtgut in Schiffen der Kompanie, und alle indischen Waren ausschließlich in den eigenen Schiffen der Kolonie ans Kap befördert werden.

Aber schon am selben Tage, an dem die freie Fahrt zugestanden wurde, und nur einige Monate, nachdem sie selber angefangen hatten, die andere Grundlage, auf welcher der ganze Einfuhrhandel der Kolonisten bis dahin beruhte, nämlich den seit langen Jahren üblichen Schleichhandel mit den Schiffsoffizieren der Kompanie zu vernichten, erließen die Generalkommissare dieses Verbot gegen den Handel mit fremden Nationen, zugleich mit jenem anderen Verbot, aus den Schiffen der Kompanie etwas anderes zu beziehen als die aus den Niederlanden bestellte Ware. Schon in bezug auf die europäischen Waren aber war die Zeit für die Kolonisten zu kurz gewesen, um sich den neuen Umständen gemäß einzurichten, aber wie soll man nun gar dieses gänzliche Verbot, indische Ware auf dem einzigen bisher möglichen Wege weiter zu beziehen, rechtfertigen? Die Bevollmächtigten einer großen Handelsgesellschaft, Männer von langer Erfahrung in

[1]) Siebzehn an die Kapregierung. 5. Oktober 1795.

[2]) KKGG. 95ff.

Handel und Schiffahrt, beschlossen, daß von dem Tage ab, an welchem eine bis dahin gänzlich verbotene Schiffahrt erlaubt wurde, nötige Artikel des täglichen Bedarfs aus einem entfernten überseeischen Lande ausschließlich nur vermittelst dieser Schiffahrt eingeführt werden dürften! Erst am 10. April 1793 wurde auch den Kommissaren die Torheit der ganzen Sache klar, und sie ermächtigten die Regierung, für die Dauer von zwei weiteren Jahren die Einfuhr der nötigen indischen Waren durch fremde Schiffe zu gestatten[1]). Dieses verspätete Einlenken motivierten sie damit, daß es noch ein Weilchen dauern würde, ehe die eigene Schiffahrt dazu imstande sein würde, die Kolonie mit den nötigen indischen Waren zu versorgen. Diese Waren durften jedoch nicht in Bargeld bezahlt, sondern nur gegen Landesprodukte ausgetauscht werden[2]). Hier äußerte sich wiederum die Besorgnis der Kommissare, daß das letzte wenige Silber aus dem Lande verschwinden würde, und daß die Kolonisten sonst keine Abnehmer fänden für ihre Produkte. Den fremden Schiffsleuten konnte, wie wir schon ausgeführt haben, ein bloßer Tauschhandel nicht behagen, und deshalb mußte diese Bestimmung einerseits die Fremden von Kapstadt fernhalten und anderseits die Kolonisten in die schwerste Verlegenheit bringen, da sie mit Geld nicht kaufen durften und der Preis der Artikel, welche sie benötigten, viel höher war als der des Getreides, das der Fremde annehmen konnte[3]). Freilich würde diese schwierige Lage doch nach der Abreise der Kommissare eingetreten sein, auch wenn diese uneingeschränkten Handel mit den Fremden erlaubt hätten, denn, wie wir gesehen haben, kam nach 1793 kein Geld mehr aus den Niederlanden, und es gab in der Kolonie eigentlich nur Noten. Aber das ist für die Beurteilung der Maßnahmen, welche die Kommissare trafen, unwesentlich, da das Aufhören der Geldsendungen damals noch nicht vorauszusehen war.

Unwillkürlich stellt man jetzt die Frage, inwiefern denn die Kommissare selber glaubten, daß ihre Maßregeln zweckdienlich wären, um das Land aus seiner hoffnungslosen Wirtschaftslage zu retten. Während ihres Aufenthaltes in der Kolonie arbeiteten sie unermüdlich und suchten auch mit den Einwohnern in nähere Berührung zu kommen, um so eine wahrheitsgetreue Vorstellung der Verhältnisse zu gewinnen[4]), wobei die Mitglieder der Regierung

---

[1]) KKGG. 96ff.

[2]) Ebenda.

[3]) Vgl. de Jong, Reizen I, 157ff. und II, 55ff.; auch Sluysken an die Bewindhebberen. 12. April 1795.

[4]) Vgl. de Jong, Reizen I, 168ff. und KKGG. 8.

sie eifrig unterstützten; man wird also annehmen dürfen, daß sie in der Lage waren, sich ein Urteil zu bilden. Dazu kommt noch, daß Nederburgh, der in allem die Führung übernahm, jahrelang »Eerste Advokaat« der Kompanie gewesen war, was soviel heißt wie einflußreichster Direktor; diesem mußte es also vollkommen klar gewesen sein, daß ein Ländchen wie die Kapkolonie sich nicht im Laufe weniger Jahre eine irgendwie nennenswerte Schifffahrt schaffen konnte. Es war eine Kolonie von noch nicht zwanzigtausend Einwohnern, von denen noch keine fünftausend in der Hafenstadt ansässig waren und, weil es Scharen von Sklaven gab, so hatte der Weiße allen Geschmack an schwerer körperlicher Arbeit verloren. Ganz besonders den Kapstädtern war das Wohlleben zum Bedürfnis geworden, daran hatte freilich auch die Politik der Kompanie schuld, die den Kolonisten ängstlich von der See ferngehalten hatte, so daß diese für sie ein fremdes Element geworden war, obgleich viele ihrer Väter und Vorväter Seeleute im Dienst der Kompanie gewesen waren. In der ganzen Kolonie war kaum ein einziger kapitalkräftiger Mann, sondern, wenn man das Geld als Maßstab verwenden soll, gab es nur recht arme und verschuldete Leute. Und wichtiger noch, die Kolonisten waren ungebildete Leute, ohne die Verstandesschulung, die zur Leitung einer solchen Unternehmung gehörte; zu diesem Mangel an intellektueller Entwicklung gesellte sich noch der gänzliche Mangel an Handelserfahrung. Mit Recht machte die Regierung die Kommissare darauf aufmerksam, daß die freie Fahrt nach Indien für die Kolonisten nicht sehr vorteilhaft sein könne, da sie vom regelrechten Handel nichts verständen, denn zu ihrem althergebrachten Handel in der Kolonie selber wäre nicht so sehr wirkliches Wissen als vielmehr »Vernunft en finesses« erforderlich[1]). Selbst unter den allergünstigsten Bedingungen waren in einer solchen Kolonie die Aussichten auf die Schaffung eines nennenswerten Überseehandels in absehbarer Zeit äußerst gering, und daß die Bedingungen nichts weniger als günstig waren, hatten die Kommissare ja eigentlich selbst zugegeben bei der Besprechung über die Einrichtung des Walfischfanges.

Aber selbst wenn es den Kolonisten gelungen wäre, eine nennenswerte Schiffahrt zustande zu bringen, so war die Beschränkung des Handels auf einzelne Teile des Ostens schon genügend, um die ganze Schiffahrt wertlos zu machen, wenn man nämlich bedenkt, daß dort ein Absatzgebiet für Getreide und Wein gefunden werden sollte. Auf den ostindischen Stationen der Kompanie war zwar unter den europäischen Angestellten Nach-

---

[1]) Kapregierung an die Gen.-Komm. 12. Okt. 1792.

frage nach diesen Produkten, aber deren Bedarf war auch schon unter dem alten System von Kapstadt aus gedeckt worden. Bei den Europäern im Osten war also durchaus kein weiterer Absatz zu erwarten. Bei der einheimischen Bevölkerung war Reis das Hauptnahrungsmittel und, sofern sie keine Mohammedaner waren, Arrak das übliche Getränk, deshalb konnte man bei ihnen erst recht nicht auf einen lohnenden Markt rechnen. Die freie Fahrt nach Indien hätte also, selbst wenn sie sich unter den aussichtslosen Verhältnissen am Kap hätte verwirklichen lassen, den Bauern keine Rettung bringen können[1]).

Einige Jahre später lobte de Mist, der eine unbeschreibliche Abscheu vor dem ganzen Wesen der damals gerade aufgelösten Kompanie hatte, in seinem vorzüglichen Memorandum die Arbeit der Kommissare am Kap sehr und versicherte, daß sie sehr wohl alle Fehler des Systems der Kompanie eingesehen hätten, aber daß ihre Hände eben durch dieses gebunden gewesen wären[2]). Nun ist es wohl wahr, daß sie bei jedem kleinen Zugeständnis, das sie den Kolonisten machten, ihr Tun den Direktoren in solchen Worten berichteten, als ob sie es gegen Leute zu verteidigen hätten, denen jedes Entgegenkommen den Kolonisten gegenüber höchst unwillkommen sei, und es ist auch wahr, daß sie gezwungen waren, sich an die allgemeinen Grundsätze zu halten, auf welchen die Kompanie aufgebaut war. Dennoch ist es aus ihren Berichten ganz gewiß nicht ersichtlich, daß sie diese Bande als drückend empfanden, oder daß sie in ihren Anschauungen etwa viel freisinniger gewesen wären als die anderen Direktoren, mit denen Nederburgh noch kurz zuvor zusammen gewirkt hatte. Obwohl sie mit unumschränkter Vollmacht ausgerüstet waren, war ihre Tätigkeit in bezug auf die Handelszugeständnisse durchaus getragen von den Instruktionen der Siebzehn, und ihre Ausführungen darüber in den Berichten enthalten lediglich die althergebrachten Beweisgründe der Kompanie (mit Ausnahme der Bemerkungen über die Fahrt nach Indien, wo die Kompanie denn auch selber beschloß, neue Methoden anzuwenden) und nirgends ist auch nur die Spur einer Klage darüber zu finden, daß jenes System der Kompanie es ihnen unmöglich mache, den Kolonisten zu helfen. Die Klagen, die wir finden, sind ganz anderer

[1]) Das scheint aber weder der Regierung noch den Kolonisten je klar geworden zu sein; die Kolonisten erwarteten Wunder von solchem freien Handel, wie das aus ihren wiederholten Gesuchen in früheren Jahren und auch noch 1779 hervorgeht; erst Sluysken, der den Osten gut kannte, machte auf diese Kehrseite des Unternehmens aufmerksam in seinen Briefen an die Siebzehn 1794 und 1795.

[2]) De Mist, Memorie 18, 23 ff.

Art. So berichteten sie, daß das Zugeständnis, welches die Siebzehn schon früher den Kolonien gemacht hatten, und wonach diese ihren Wein als Frachtgut nach den Niederlanden schicken durften, der Kompanie nachteilig sei, da die Fässer zu viel Raum auf den Schiffen einnähmen[1]).

Die erlaubte freie Fahrt mußte, so könnte man annehmen, den Kommissaren selber durchaus nicht aussichtsreich erscheinen, und einmal finden wir auch in ihren Berichten einen Ausspruch, der unsere Vermutung völlig bestätigt: Die Regierung und die Bürger hatten gefordert, daß es den Kolonisten gestattet werden müsse, ihre Schiffe zu kaufen, von wem sie wollten. Das waren die Kommissare aber nicht geneigt, ihnen zu erlauben, und als Grund für ihre ablehnende Haltung gaben die Kommissare den Siebzehn folgendes an: Nach dem, was sie über die Einwohner wüßten, hätten sie keine Furcht, daß die zwei Schiffe, welche sie öffentlich versteigern wollten, diesen nicht genügen würden[2]).

Wahrscheinlich hatten sie recht, aber was sollten dann die großen Entwürfe für Walfischfang und freien Handel mit dem Osten, wenn die Kolonisten nicht einmal imstande waren, mehr als zwei kleine Schiffe zu kaufen!

Anderseits jedoch ist aus ihrem Bericht durchweg herauszulesen, daß sie die allergrößten Hoffnungen auf diese freie Fahrt und den Walfischfang setzten, und daß die Kolonisten allen Grund hätten, dankbar zu sein[3]).

Es ist nicht leicht, eine Erklärung für diese krassen Widersprüche zu finden. Vielleicht haben die Worte im Bericht in gewissem Maße die Farbe der vielen öffentlichen Ansprachen, welche die Kommissare hielten, angenommen. Sie mußten nämlich Tag für Tag all ihre Beredsamkeit aufbieten, um die unzufriedenen Kolonisten davon zu überzeugen, daß die neu auferlegten Lasten leicht zu tragen wären, und zwar deshalb, weil die neu erworbene Handelsfreiheit ihnen so große Vorteile bringen würde. Da ist es nicht unmöglich, daß der Bericht, der aus derselben Zeit stammt, den Verfassern selbst unbewußt, eine bloße Wiedergabe ihrer vielen Ansprachen ist. Vielleicht bietet ein früheres Memorandum von Nederburgh eine bessere Lösung

---

1) KKGG. 84.

2) KKGG. 59.

3) Am Schluß ihres Berichtes über diese Maßregeln sagen sie zum Beispiel (KKGG. 104): »... door alle deeze disposition aan de engezeetenen de middelen waaren aan de hand gegeeven om den bloey der colonie en hunne bysondere welvaard te kunen opbouwen, en op vaste en duurzaame gronden vestigen ...«

dieser Frage[1]). Am 7. März 1791, also etwa acht Wochen vor seiner Ernennung zum Generalkommissar, lieferte Nederburgh dieses Referat über die Lage der Kompanie, worin er der Überzeugung Ausdruck gab »het banqueroet is onvermydelyk«, und daß die wichtigste Frage jetzt die wäre, wie man es bewerkstelligen könne »by de aanstaande val van de Compagnie de zaaken binten confusie te houden«. Wir haben keinen Beweis dafür, daß er schon in den nächsten Monaten anders darüber dachte. Der Patentbrief der Kompanie lief mit dem Jahre 1798 ab, und bis dahin konnte sie sich vielleicht halten. In diesem Falle mußte Nederburgh es als seine Pflicht ansehen, in der Zwischenzeit durch seine Sendung nach dem Kap und nach Indien mit aller Kraft dahin zu wirken, daß die gefürchtete »confusie« bei dem Zusammenbruch möglichst klein wäre. Darum war es auch von der allergrößten Bedeutung, die Ausgaben am Kap rücksichtslos zu beschneiden und die Einkünfte zu vermehren; es ging um die Interessen von Zehntausenden, deren Los direkt oder indirekt mit dem der Kompanie verknüpft war. Dagegen mußten die Interessen der wenigen Kolonisten zurückstehen, und deshalb waren auch die Maßregeln, die den Kolonisten Erleichterung schaffen sollten, von geringerer Bedeutung. Während der wenigen Jahre, welche die Kompanie noch zu leben hatte, konnten sie doch nicht mehr voll durchgeführt werden, und die neue Zeit nach dem Zusammenbruch der Kompanie würde doch neue Methoden erfordern. Bis dahin sollten diese dazu dienen, den Kolonisten ein gewisses Maß der Zufriedenheit zu verschaffen. Wenn wir diese Motive als maßgebend für das Auftreten der Kommissare ansehen, so wird es uns klar, daß sie in Wirklichkeit die Maßregeln, wie man den Kolonisten durch die Einrichtung einer eigenen Schiffahrt helfen könne, nicht wirklich ernst durchdachten. (Wohl bedachten sie aber alle Vorsorgungsmaßregeln, damit der Kompanie nicht geschadet werde.) Unter dieser Voraussetzung ist auch der sonst unverständliche grobe Fehler, den sie damit machten, daß sie alle Einfuhr durch fremde Schiffe verboten, erklärlich. Ihre Berichte über die Einführung der freien Fahrt klangen dann wohl so optimistisch, teils wie sie

[1]) S. C. Nederburg: »Consideratien over den Toestand waarin de Oostindische Compagnie zig in dit ogenblik bevind, en de middelen om de zaaken buiten confusie te houden.« (Staat II, Litt. W. van »Secret Bylagen tot het Nader Rapport — — —« P. 96 ff.) Noch am 6. Februar 1788 führte er aus, daß nur der Englische Krieg und keineswegs die Verwaltung oder die Art des Handels an der schlechten Lage schuld sei, und daß es deshalb der Kompanie leicht sei, sich wieder zu erholen. (Vgl. Memorie over de tegenwoordigen Staat van de O. I. C.)

so die Unruhe in der Kolonie zu dämpfen glaubten, teils weil sie nie vom Standpunkt der Kolonisten aus die Sache betrachtet hatten.

Die Pläne der Generalkommissare konnten jedoch nie in der Praxis auf ihre Zweckmäßigkeit hin geprüft werden; dafür sorgten Geschehnisse, die nicht im Machtbereich der Kompanie lagen. Wohl machten einige Leute den Versuch, mit der Schiffahrt Ernst zu machen, und 1793 wurden sogar zwei kleine Schiffe mit Landesprodukten nach dem Osten geschickt; ferner wurde eine Gesellschaft für den Walfischfang gegründet, die 1795 ein Schiff nach Europa schickte[1]). Allein keins der drei Schiffe erreichte seinen Bestimmungsort, das eine erlitt Schiffbruch und die beiden anderen wurden von den Engländern gekapert[2]). Das europäische Wirrsal, das aus der Französischen Revolution entstand, und in das die Niederlande so bald verwickelt wurde, bedeutete für die Kapkolonie die Abschnürung aller Verbindungen mit dem Auslande. Neue Absatzgebiete für ihre Produkte konnte sie sich nicht erschließen, die alten Abnehmer dagegen blieben fort oder waren bankrott; die Produkte blieben unverkauft, der Bedarf an ausländischen Waren ungedeckt; Regierung und Kolonisten hatten viele Entbehrungen durchzumachen und wußten sich weder zu raten noch zu helfen[3]).

Die Unzufriedenheit der Kolonisten mit der Verwaltung der Kompanie nahm von Tag zu Tag zu[4]); 1795 verjagten die Distrikte Graaff Reinet und Swellendam ihre Landdrosten und schüttelten die Oberhoheit der Kompanie ab[5]). Das Wirtschaftssystem der Kompanie am Kap hatte vollkommenen Schiffbruch erlitten, der in den letzten Tagen ihres Bestehens noch durch den Wirrwarr in Europa beschleunigt wurde. Einen Tag bevor die Oberhoheit der Kompanie am Kap endgültig aufgehoben wurde, beschäftigten sich die Staaten-Generaal in den Niederlanden mit einer Vorlage, wonach das ganze alte Verwaltungssystem der Kompanie über Bord geworfen werden sollte, um durch ein neues zweckmäßiges ersetzt zu werden[6]).

---

[1]) Kapregierung an die Siebzehn, 10. Aug. 1793; H. J. Fehrszen & Kie an Craig, Juli 1795. (Rec. II, 408 ff.)

[2]) Fehrszen & Kie an Craig; Bergh, Memorie 84 ff.

[3]) Vgl. Kapregierung an die Siebzehn, 23. Okt. 1794; P. R. Res. 17. Sept. 1794; Sluysken an die Bewindhebberen, 12. April 1795; Kirsteins, Memorandum 174; de Jong, Reizen II, 54 ff.; Craig to Dundas. 27. Dez. 1795. (Rec. I, 271 ff.)

[4]) Vgl. de Jong, Reizen II, 55.

[5]) Vgl. Wieringa 42 ff.

[6]) Van Berckel 57 ff. Am 15. September 1795 wurde die Entschließung eingereicht und am 24. Dezember durch die Staaten-Generaal genehmigt.

X. Kapitel.

Schlußbemerkungen.

Die zehn letzten Jahre des Regiments der Kompanie über die Kapkolonie zeigen uns das dort angewandte System ganz gewiß von seiner allerschlechtesten Seite; aber mit einem solchen Gouverneur, wie v. d. Graaff es war, und bei solchen Zuständen, wie sie in den Niederlanden innerhalb und außerhalb der Kompanie während dieser Jahre herrschten, konnte es kaum anders sein. Von diesem System nun galt unsere Forschung nur der allerschlechtesten Seite, nämlich der wirtschaftlichen; die politische Verwaltung lag außerhalb unserer Betrachtung, und wir haben im Laufe unserer Arbeit nur flüchtig gesehen, daß diese wie alle anderen Dinge sich ganz nach den wirtschaftlichen Interessen der Kompanie richtete. Aber schon aus diesen vereinzelten Andeutungen geht hervor, daß die Kolonisten, besonders in den Außenbezirken, politisch ziemlich selbständig waren, und daß sie sich ihrer Macht wohl bewußt waren und keinerlei Neigung zeigten, sich immer gutwillig dem Willen der Kompanie unterzuordnen; das trat besonders deutlich zutage, als sie durch ihre Vertreter, die Bürgerräte, sich 1790 bis 1793 den Maßregeln der Kompanie widersetzten. Damit die Verwaltung der Kompanie am Kap nun nicht noch schwärzer erscheint, als sie wirklich war, war es notwendig, hier wenigstens noch kurz auch auf diese Seite ihrer Verwaltung hinzuweisen.

An zweiter Stelle müssen wir klar hervorheben, welches Ziel man verfolgte sowohl mit der Errichtung der Kompanie als auch mit der Gründung der Station am Kap: die Kompanie sollte eine Gesellschaft sein zum Betreiben von Handel in Gewürzen und ähnlichen Produkten; darin beanspruchte sie das Alleinvertriebsrecht, was bei den großen Schwierigkeiten, die der überseeische Handel im 17. Jahrhundert mit sich brachte, wohl zu verstehen ist, da sie ohne solches Monopol wahrscheinlich nicht hätte bestehen können. Um ihren Aufgaben besser zu genügen — und nur aus diesem Grunde — gründete die Kompanie die Erfrischungsstation am Kap. Als sich hieraus eine Kolonie entwickelte, war ein neues Verwaltungssystem, vom Standpunkt der Kolonisten aus, dringend notwendig; für die Kompanie anderseits war eine Abänderung nur insofern erwünscht, als der Verwaltungsapparat nicht mehr gut funktionierte, d. h. zu hohe Kosten verursachte.

Das ganze System war von dem einen Grundsatz beherrscht, die Verproviantierung der Schiffe so billig wie möglich zu gestalten; das ließ sich nun auf zwei Weisen anstreben, erstens dadurch, daß man so viele Geldquellen als nur irgend möglich für die Kompanie reservierte, und zweitens, indem man die Beamten so schlecht wie möglich besoldete und die Kolonisten ausbeutete. Daraus erklärt sich denn auch das Handelsmonopol mit eigenem Warenhaus und eigenen Packhäusern; das Alleinrecht, jene vereinzelten Produkte, für die in Europa ein guter Markt war, aus dem Kap auszuführen; das System der Außenposten, der Rationen und der Pachtverträge, und daraus auch die Tatsache, daß die Kolonisten nur solche Produkte anbauen durften, die zur Versorgung der Schiffe nötig waren.

Bei der Fortentwicklung des Kaps konnte dieses System, das für eine kleine Siedelung am Fuße des Tafelberges eingerichtet war, an sich schon den neuen Anforderungen nicht mehr genügen, vor allen Dingen aber mußte die eigentümliche Stellung der Beamten notwendigerweise zum Mißbrauch des Systems führen. Weil deren Gehälter so klein waren, mußte man ihnen andere Einnahmequellen verschaffen, oder sie taten es selber, was ihnen bei eben diesem System nicht schwer fiel. Kann man sich denn ein verderblicheres System denken als eines, wonach der Fiskaal, dessen Pflicht es war, das fast ausschließliche Einfuhrverbot allen Privatpersonen gegenüber durchzusetzen, sein Einkommen hauptsächlich durch die Verzollung der eingeführten Ware gewann; oder als eines, wonach der Beamte, dessen Aufgabe es war, die einlaufenden Schiffe der Kompanie aus den Regierungsmagazinen mit Schiffsmaterial zu versehen, gleichzeitig in denselben Magazinen genau gleichartige Ware für seinen Privathandel mit fremden Schiffen halten durfte? Solche Zustände konnten nur deshalb entstehen, weil es an Kontrolle gebrach, und umgekehrt waren diese Zustände eben deshalb so verhängnisvoll, weil jede Kontrolle fehlte.

Aber zunächst muß ein anderer ganz besonders auffallender Mangel genannt werden, nämlich die Art, wie man die Bücher zu führen pflegte. Unsere Untersuchung hat deutlich gezeigt, daß die Buchführung ganz und gar ungeeignet für eine ausgedehnte Verwaltung war, und so gehandhabt wurde, daß sie selbst den Personen an Ort und Stelle unklar und den Direktoren in den Niederlanden manchmal völlig unverständlich war. Aus solchen Büchern konnte man keine genaue Übersicht über die Ausgaben und den Profit der einzelnen Abteilungen erlangen, und überdies wurden sie noch in äußerst nachlässiger Weise geführt; das war wiederum nur möglich, weil keinerlei Überwachung zu befürchten war.

So etwas wie eine zweckmäßige Kontrolle der Siebzehn über die Kapregierung gab es nämlich nicht, wie uns das Auftreten v. d. Graaffs als Gouverneur einwandfrei beweist, und dieser Mangel war gewiß mit in erster Linie Schuld an dem verrotteten Zustand der Verwaltung am Kap. Wohl schickten die Siebzehn, der nichtigsten Kleinigkeiten wegen, Verordnungen an die Kapregierung, aber die pflichtgetreue Ausführung solcher und anderer Befehle konnten sie nicht überwachen, und selbst wenn die Regierung nicht umhin konnte, die Befehle zu beachten, so war es immerhin noch möglich, mit deren Ausführung ein paar Jahre zu warten. Oft genug kam es vor, daß eine Frage der Siebzehn erst Monate nach dem Empfang in ausweichender Weise beantwortet wurde, oder daß auf einen Befehl mit einer Frage oder einem Gegengrund geantwortet wurde, zugleich mit der Bemerkung, daß man mit der Ausführung warten würde, bis ein neuer Bescheid darüber von den Siebzehn eingelaufen sei. Dazu kommt noch, daß die Siebzehn nur dann gegen Mißbräuche und Pflichtvergessenheit einschreiten konnten, wenn diese ihnen gemeldet wurden, und solche Information konnte ihnen in der Regel nur von der Regierung zugehen, also von den Schuldigen selber, oder aber sie mußten selbst die übersandten Rechnungsbücher und Akten sorgfältig nachprüfen, etwas, wozu die Herren Siebzehn scheinbar selten Lust oder Zeit hatten. Die Direktoren wußten folglich recht wenig Bescheid über die Zustände auf ihrem »comptoir te Cabo de Goede Hoop«.

Es war also von der größten Wichtigkeit, daß am Kap selber die Beamten in den verschiedenen Packhäusern und ähnlichen Einrichtungen genau überwacht wurden; aber auch das geschah keineswegs, denn die Landesregierung bestand ja gerade aus den Direktoren dieser Einrichtungen, und jeder einzelne von ihnen sowohl als auch ihr gemeinsames Haupt, der Gouverneur, bezog Einkünfte auf Kosten der Kompanie, von denen die Siebzehn nichts wußten. Entweder sie hätten sich nun gegenseitig das Leben unerträglich schwer machen müssen, oder sie mußten die anderen sich selbst überlassen, ohne viel zu fragen, wie es in deren Abteilung zuging. Es ist nicht verwunderlich, daß sie den letzteren Weg beschritten, um so mehr als die Mißbräuche sich so fest eingebürgert hatten, daß es kaum für unehrlich galt, dabei mitzumachen. Man gewinnt den Eindruck, daß die Beamten schon längst nicht mehr das geringste Interesse am Wohlergehen der Kompanie hatten, sondern sie im Gegenteil als einen Quell des Gewinns betrachteten, den man nach Kräften auszunutzen habe, woran sie sich denn auch schon so gewöhnt hatten, daß es ihnen als das natürlichste auf der Welt erschien. Es liegt nahe, daß solche Abteilungsvorsteher auch ihre Untergebenen, die keine Regierungsmitglieder waren, wenig streng überwachten, und in der Tat fehlte es auch hier an Kontrolle; auf den Drostämtern, im Hospital, auf den Steuerämtern und sonstwo konnten die Beamten und Diener, wie es scheint, ziemlich unbehelligt quacksalbern, gerade wie es ihnen paßte.

Eine Reform des ganzen Verwaltungssystems war also dringend nötig — und zwar schon seit langer Zeit, denn die Mängel und Mißbräuche, die wir kennen lernten, waren alten Datums und tief eingewurzelt, waren also nicht nur die bösen Früchte der letzten Jahre. — Aber es war nun einmal kennzeichnend für die Kompanie, daß sie durch Geschlechter hindurch sich nicht den neuen Umständen anzupassen wußte, sondern sich beharrlich an ihre althergebrachten Traditionen klammerte. Erst auf das Drängen der durch Holland angestellten Prüfungskommission entschloß sie sich dazu, ihr Alleinvertriebsrecht europäischer Waren am Kap aufzugeben und die Generalkommissare zu ernennen.

Nederburgh und Frykenius nahmen auch wirklich eine grundlegende Reform der Verwaltung am Kap vor. Nachdem die Einfuhr europäischer Waren auch Privatpersonen gestattet war, konnten sie das Rationenprinzip, das der Kompanie so teuer zu stehen gekommen war, abschaffen; dadurch, daß man die Produkte nicht mehr direkt aufkaufte, sondern sie erst von kontraktlich verpflichteten Lieferanten bezog, wurden weitere Kosten gespart, der Beamtenapparat abgebaut und die Möglichkeit des Betruges in größere Ferne gerückt; dem Betrug wurde ferner durch die Erhöhung verschiedener Beamtengehälter entgegengewirkt. Der Schleichhandel wurde ausgerottet und das Zollwesen in vernünftiger Weise geordnet. Das bedeutete einen großen Fortschritt auf dem Wege zur Gesundung; aber einen sehr schwerwiegenden Mißstand konnten auch sie nicht beseitigen, nämlich den Mangel an gründlicher Überwachung, und wahrscheinlich wären auf die Dauer manche ihrer Reformen wieder dem alten Schlendrian gewichen. Wie dem auch sei, ihre Reformen kamen zu spät, um irgendwelchen wichtigen Einfluß auf die Geschichte des Kompanieregiments am Kap auszuüben; größeren Wert hat ihre Arbeit für uns eher deshalb, weil sie die Grundsätze der Kompanie klar beleuchtet, vor allem aber, weil wir dadurch einen klaren Einblick in die Lage der Kolonisten gewinnen.

Das Verwaltungssystem der Kapkolonie, als Zweigstelle der Kompanie, war prinzipiell dasselbe wie das der übrigen Stationen im Osten. Aber nun war das Kap mehr als nur ein Comptoir, es war zugleich eine Landbaukolonie mit einer sehr zur Selbständigkeit neigenden Bevölkerung. Hierin liegt nun die Eigentümlichkeit des Kaps in der Geschichte der Kompanie — eigentlich beruht sie auf einer Anomalie, auf einer Zufälligkeit. Dadurch gewinnt denn das Wirtschaftssystem, wo es am Kap angewendet wird, eine ganz andere Bedeutung: Trug es den Interessen der Kolonisten Rechnung? und welchen Einfluß übte es aus auf ihre Entwicklung? Das sind Fragen, die mehr als nur ein vorübergehendes Interesse bei uns wecken sollten; die zweite jedoch kann nur in Südafrika selber auf Grund einer großzügig angelegten und sorgfältigen Untersuchung über das Wirtschaftsleben, besonders im 18. Jahrhundert, endgültig beantwortet werden.

Die Periode, die wir untersucht haben, kann in dieser Hinsicht sicher nicht als typisch gelten für die Lage der Kolonisten im 18. Jahrhundert, aber gerade insofern, als sie einen normalen Zeitabschnitt darstellt, wirft sie wahrscheinlich mehr Licht auf die beiden Seiten dieses Problems als irgendeine andere Periode: nämlich erstens die Wirkung einer strengen Durchführung des Systems auf die Wirtschaft der Kolonisten und zweitens die Beantwortung der Frage, wie die Kolonisten während der vielen Jahre unter diesem System der Kompanie bestehen konnten. Denn die Kompanie trachtete in keiner Weise danach, in ihrer Politik der veränderten Lage am Kap Rechnung zu tragen. Unsere Untersuchung hat wiederholt gezeigt, daß bis an das Ende ihres Regimentes, wie das auch in den Maßregeln der Kommissare zum Ausdruck kommt, die Kompanie nie in Erwägung zog, welchen Wert das Kap als Kolonie für eine europäische Macht haben könne; daß das ganze System nur Rücksichten auf die Interessen der Kompanie kannte, ohne daß in den meisten Fällen auch nur an das Los der Kolonisten gedacht wurde, ja manchmal sogar mit bewußter, beinahe brutaler Nichtachtung von deren Interessen vorgegangen wurde. Für die Kompanie hatten sie nur insofern Bedeutung, als sie Produkte lieferten und Steuern bezahlten, letzteres sowohl direkt durch Besteuerung ihrer Produkte als auch indirekt dadurch, daß sie gezwungen waren, der Kompanie so viel ihrer Produkte, als diese nötig hatte, gegen festgesetzte Preise abzuliefern. Für die Kolonisten bedeuteten die Steuern eine Abgabe an eine Körperschaft, die damit nicht ihre, sondern ihre eigenen Interessen förderte; obendrein wurden die Steuern zum Teil so erhoben, daß dadurch die Entwicklung behindert wurde, vielfach so, daß es leicht war, unter der vorherrschenden lässigen Verwaltung einen bedeutenden Teil davon zu unterschlagen.

So war es denn ein System geworden, unter dem ein Teil der Kolonisten sich regelmäßig seine Lasten damit erleichterte, daß er die Steuerverordnungen umging oder falsche Steuerangaben machte, während ein anderer Teil von dem gesetzwidrigen Einfuhrhandel lebte! Denn zwischen dem System in der Theorie und seiner praktischen Anwendung bestand ein gewaltiger Unterschied. In der früheren Geschichte des Kaps hatte es Zeiten gegeben, in denen die Kolonisten bitter darüber klagten, daß sie von den Beamten ausgebeutet würden — das konnte die Folge der nachlässigen und pflichtvergessenen Verwaltung nach dieser Richtung hin sein; aber in der ersten Hälfte unseres Zeitabschnitts gereichte sie ganz gewiss der Kompanie zum Nachteil, dem Kolonisten aber zum Vorteil; deshalb waren die Ausgaben der Regierung so außergewöhnlich hoch (und das Geld floß zum großen Teil in die Tasche der Kolonisten); deshalb war der unbehinderte Handel mit den Schiffsoffizieren der Kompanie und mit fremden Seeleuten möglich; deshalb gelang es ihnen auch, einen großen Teil ihrer Steuern zu unterschlagen. Wie folgenreich diese Nachlässigkeit, wie folgenreich dieser Unterschied zwischen Theorie und Praxis für das Wirtschaftsleben der Kolonisten war, trat in greller Beleuchtung zutage, als 1790 bis 1793 auf einmal die großen Ausgaben der Regierung aufhörten und dem Schleichhandel ein Riegel vorgeschoben wurde. Auch vor 1791 hatte das Wirtschaftsleben der Kolonie durch das System der Kompanie gelitten, nach 1791 geriet es fast ganz ins Stocken. Die Reformen und Sparsamkeitsmaßnahmen dieser Jahre zeigten klar und deutlich, daß das Wirtschaftsleben am Kap auf eine lässige Durchführung des Systems der Kompanie eingestellt war, und daß die Interessen der Kolonisten in regelrechtem Widerspruch zu dem System standen, wie es in der Theorie lautete.

Ob man dieses System der Kompanie nun betrachtet, wie es theoretisch lautete, oder wie es sich in der Praxis ausnahm, in jedem Falle übte es einen weitgehenden Einfluß auf das Leben der Kolonisten aus und drückte ihrer ganzen Entwicklung einen besonderen Stempel auf, der selbst heute noch nicht vollständig verwischt ist. Die Kompanie wollte nur Viehzüchter und Wein- und Getreidebauern haben und weiter nichts; obgleich nun die nachlässige Durchführung der Handelsbestimmungen es einer größeren Zahl von Kolonisten ermöglichte, ihren Lebensunterhalt in der Stadt zu gewinnen, als bei ihrer strengen Handhabung möglich gewesen wäre, so war diese Zahl doch beschränkt und die meisten mußten sich der Landwirtschaft widmen. Aber der Weinbau und die Produktion von Getreide und Hülsenfrüchten konnten gewisse Grenzen nicht überschreiten; da kein großes

Absatzgebiet vorhanden war; da das Klima hinter den Bergen, die Kapstadt in nicht allzu großem Abstand von der See umringen, zu trocken für die Landwirtschaft war; und weil die Berge selber den Verkehr mit Kapstadt zu sehr erschwerten. Es gab also nur einen Ausweg für die wachsende Bevölkerung, sie mußten Viehbauern werden! Dazu mußten sie jedoch fortziehen von Kapstadt und wegen des Wassermangels weit verstreut über das Binnenland ihre Viehzucht betreiben. Ihr Gewinn an Geld war gering, dagegen die Gefahren und Kosten groß, welche ihnen erwuchsen, wenn sie Wohnung und Habe unbeschützt zurückließen, um die weite Reise nach Kapstadt zu unternehmen. Deshalb reisten sie so selten wie nur möglich dorthin und lernten es, sich mit sehr wenigem zu begnügen. In dieser einfachen Lebensführung ließ die Kompanie sie in der Hauptsache gewähren, waren sie doch weniger wichtig als die Wein- und Getreidebauern! So finden wir sie in den letzten Jahren des Regimentes der Kompanie: ihren Umständen gemäß besaßen sie keine Schulbildung, und es fehlte ihnen die höhere Kultur, aber anderseits waren sie dadurch zu selbständigen und abgehärteten Naturen geworden. Auf diese Weise hatte das System der Kompanie mitgewirkt, um eine große Zahl von Kolonisten zu trefflichen Pionieren auszubilden und sie vorzubereiten auf den langen Kampf, der gerade in dieser Zeit seinen Anfang nahm, zwischen den beiden Strömungen der Volksverschiebung in Südafrika, den europäischen Kolonisten, die sich von Westen nach Osten bewegten, und den Bantuhorden, die, sich vom Norden herabwälzend, nun, der Küstenkrümmung gemäß, ihren Weg von Osten nach Westen fortsetzten.

Exkurs über die Geldsorten am Kap.

Da im Hafen von Kapstadt Schiffe aller Nationen, die mit dem Osten Handel trieben, einliefen, so kamen in Kapstadt selber, und dadurch auch in der ganzen Kolonie, sehr viele verschiedenartige Münzen in Umlauf, aber schon die eigenen Geldsorten der Kolonie bildeten ein buntes Durcheinander. Die Rechnungsbücher der Regierung wurden in holländischen Gulden, Stuivers und Duiten geführt, aber auch in kapländischen Reichstalern, Stuivers und auch Ducatons. Der Reichstaler war bis 1782 eine bloße »Buchmünze«[1]), aber trotzdem bei allen Geldgeschäften so gebräuchlich, daß man bei der späteren Ausgabe von Noten den Reichstaler als Basis wählte. Daneben bestand

[1]) Kapregierung an die Siebzehn, 17. Febr. 1792; de Mist, Memorie 143 ff.

noch eine zweite »Buchmünze«, der kapländische oder leichte Gulden, zu 16 Stuivers (kapländischen); sie blieb jedoch immer ein rein fiktiver Wert[1]). Der Ducaton galt in der Kolonie 72 Stuivers, aber in den Niederlanden nur 66, und bei der Umrechnung von Reichstalern in niederländisches Geld mußte dieser Unterschied als Grundlage dienen[2]), so daß der Reichstaler zu 48 kapländischen Stuivers nur 44 holländische Stuivers galt. Die Generalkommissare behaupteten, daß in den Büchern der Regierung die Umrechnung immer auf diese Weise erfolgt sei[3]), und auch sie selber pflegten beim Umrechnen kapländischer Reichstaler und Gulden in holländisches Geld diesen Kurs zugrunde zu legen[4]). Die Kapregierung aber versäumte das zu wiederholten Malen! Wohl wurde der Ertrag der Pachtverträge, z. B. die in kapländischen Gulden versteigert wurden, in den Jahresberichten über die Regierungseinkünfte meist richtig in holländische Gulden umgerechnet[5]), aber es kamen öfters Fälle vor, wo die Regierung in ihren Berichten an die Siebzehn den Reichstaler zum Kurs von 48 holländischen Stuivers berechnete[6]). Einmal — es war auffallenderweise bei einer Bitte um Geld — machten die Siebzehn sie auf ihren bösen Fehler aufmerksam: dadurch, daß sie die angeforderten 178741,6 Reichstaler zu 48 holländischen Stuivers statt zu 44 gerechnet hatten, hatten sie eine Summe von 35748,5 fl. (holländisch) mehr gefordert als nötig war[7]). Die Siebzehn zeigten sogar in einem sauber ausgearbeiteten Exempel, wie die Umrechnung zu geschehen habe; aber den gewünschten Erfolg brachte das nicht, da die Kapregierung in den darauffolgenden Jahren immer wieder den Reichstaler zu 48 holländischen Stuivers berechnete[8]). Wahrlich, das Buchführungssystem am Kap war ein eigenartiges Muster von Ungenauigkeit und Unverständlichkeit!

---

[1]) Ebenda.

[2]) Vgl. Siebzehn an die Kapregierung. 3. Dez. 1789.

[3]) KKGG. 732 ff.

[4]) Ebenda; vgl. auch KKGG. 753.

[5]) Vgl. die jährlichen Finanzberichte.

[6]) Vgl. Kapregierung an die Siebzehn. 24. April 1787, 30. April 1788, 1. April 1789.

[7]) Siebzehn an die Kapregierung. 3. Dez. 1789.

[8]) Vgl. Kapregierung an die Siebzehn, 30. Juli 1793; Sluysken an die Bewindhebberen, 12. April und 12. Nov. 1795.

www.ingramcontent.com/pod-product-compliance
Lightning Source LLC
LaVergne TN
LVHW091728021026
849161LV00003BB/493